MW01167612

HARRAP'S

Gramática Inglesa

First published in the United States in 1994
by Chambers Harrap Publishers Ltd
43-45 Annandale Street, Edinburgh EH7 4AZ, UK

ISBN 0 02 860095 9

Typeset by Roger King Graphic Studios
Printed in Great Britain by Clays Ltd, St Ives plc

INTRODUCCIÓN

Esta gramática ha sido concebida para satisfacer las necesidades de aquellos que estudian inglés. Las reglas esenciales de la lengua inglesa, así como los términos técnicos utilizados, vienen acompañados de las explicaciones claras y concisas que la hacen asequible al usuario. También se ofrece un glosario de términos gramaticales de la página 9 a la 15.

Aunque los aspectos literarios de la lengua no han sido ignorados, se ha enfatizado en el inglés hablado hoy día. También se ha diferenciado entre el inglés británico y el inglés americano.

Esta gramática, con sus numerosos ejemplos del uso cotidiano de la lengua, es la herramienta ideal de estudio o referencia para todos los niveles: desde el principiante, que empieza a enfrentarse con la lengua inglesa, hasta el usuario más avanzado que requiere una obra de referencia completa y de fácil acceso.

ÍNDICE

ÍNDICE

1 GLOSARIO DE TÉRMINOS GRAMATICALES

ABSTRACTO

Un nombre abstracto es el que no designa ningún objeto físico o persona, sino una cualidad o un concepto. *Felicidad, vida, longitud* son ejemplos de nombres abstractos.

ACTIVA

De las dos voces del sistema verbal la voz activa es la forma más común, como en *Pedro la atiende*. Su forma opuesta es la voz pasiva (*ella es atendida por Pedro*).

ADJETIVO

Es la palabra que sirve para hablar de las características de un sustantivo. Los adjetivos se dividen en varias clases: calificativos (*una casa pequeña*), demostrativos (*esta casa*), posesivos (*mi casa*) etc.

ADJETIVO SUSTANTIVADO

Es un adjetivo que se emplea en función nominal. Por ejemplo el adjetivo *"joven"* pasa a ser un nombre en la oración: *Hay muchos jóvenes aquí.*

ADVERBIO

Los adverbios generalmente acompañan al verbo, dando información suplementaria sobre **cómo** se realiza la acción (adverbios de modo), **cuándo, dónde** y **con qué intensidad** se desarrolla la acción (adverbios de tiempo, lugar e intensidad) o **en qué medida** se desarrolla la acción (adverbios de cantidad). Algunos adverbios pueden acompañar a adjetivos e incluso a otros adverbios (p.ej. *una chica muy guapa, bastante bien*).

APOSICIÓN	Se dice que una palabra o una proposición están en aposición (en relación a otra palabra o proposición) cuando una u otra se sitúan directamente detrás del otro nombre o proposición sin que las una palabra alguna (p.ej. *El Sr López, nuestro jefe, se ha jubilado hoy.*).
ARTÍCULO DETERMINADO	Los artículos determinados en castellano son "el", "la", "los" y "las". Todos ellos tienen un sólo equivalente en inglés: "the".
ARTÍCULO INDETERMINADO	Los artículos indeterminados en castellano son "un", "una", "unos" y "unas". Su equivalente inglés es "a" o "an".
ASPECTO	El aspecto hace referencia a la forma en que se contempla la acción y su desarrollo en el tiempo. Podemos diferenciar tres aspectos: simple, continuo (también llamado progresivo) y perfecto.
AUXILIAR	Los auxiliares se utilizan para formar los tiempos compuestos de otros verbos, por ejemplo en *(se ha ido)* "ha" es el verbo auxiliar. En inglés los auxiliares se dividen en dos grupos principales: los auxiliares "normales" (**have, be, do**) y los auxiliares "modales" o "defectivos" (**can, must** etc.). Ver MODAL.
CARDINAL	Los numerales cardinales son *un, dos, tres...*; el término que les denomina tiene como oposición ORDINAL (Ver más adelante).
COLECTIVO	Un nombre colectivo es el que, a pesar de su forma singular, designa un grupo de personas o cosas. **Flock** *(rebaño)* y **fleet** *(flota)* son ejemplos de nombres colectivos.
COLOQUIAL	El lenguaje coloquial es el lenguaje corriente de hoy en día, el que utilizamos al hablar, pero no cuando escribimos cartas oficiales, contratos etc.

COMPARATIVO

El comparativo de los adjetivos y de los adverbios permite establecer una comparación entre dos personas, dos cosas o dos acciones. En castellano se utiliza *más... que, menos... que,* y *tan... como* para expresar una comparación.

COMPLEMENTO DIRECTO

Grupo nominal o pronombre sobre el cual se ejerce la acción del verbo. Por ejemplo: *He comprado un coche nuevo.* Responde a la pregunta "¿qué/a quién?".

COMPLEMENTO INDIRECTO

Grupo nominal o pronombre sobre el cual, sin ser complemento directo, se ejerce la acción del verbo. Responde a la pregunta "¿a/para qué/quién?".

CONDICIONAL

Modo verbal que expresa lo que alguien haría o lo que pasaría si se cumpliese una condición, por ejemplo: *Se habría roto si te hubieses sentado encima.*

CONJUGACIÓN

La conjugación de un verbo es el conjunto de formas de que se compone, según sus diferentes tiempos y modos.

CONJUNCIÓN

Las conjunciones son palabras que unen dos palabras o proposiciones. Podemos dividirlas en conjunciones coordinantes (como *y, o*) y conjunciones subordinantes (como *porque, después de que, aunque*), que introducen una proposición subordinada.

CONTABLE

Un nombre es contable si tiene forma de plural y si se puede utilizar con artículo indeterminado. Los nombres (*casa*), (*coche*), (*perro*) son contables.

CONTINUO

Ver FORMA CONTINUA

DEFECTIVO

Ver MODAL

DEMOSTRATIVO

Los adjetivos demostrativos (*este, esta, estos, estas, ese, esa...*) y los pronombres demostrativos (*éste, ésta, éstos...*) se utilizan para designar a personas u objetos concretos.

EXCLAMACIÓN

Palabras u oraciones que se utilizan para expresar sorpresa, alegría, enfado etc. (*¡No!, ¡Cómo!, ¡Qué suerte!, ¡Vaya!*).

FORMA BASE

Ver INFINITIVO

FORMA CONTINUA

La forma continua de un verbo se forma con **to be + participio presente**, como en el siguiente ejemplo: **I am working**. También recibe el nombre de "forma progresiva".

GERUNDIO

Al gerundio podemos llamarlo "verbo sustantivado". En inglés tiene la misma forma que el **participio presente** del verbo, es decir: forma base + **-ing**. Por ejemplo: **Skiing is fun** (*El esquí es divertido*), **I´m fed up with waiting** (*estoy harto de esperar*).

IMPERATIVO

Este modo es el que se utiliza cuando queremos dar una orden (p.ej. *¡Vete!, ¡Cállate!*).

INCONTABLE

Los nombres incontables son nombres que generalmente no tienen plural, p.ej. *pereza, alcohol*.

INDICATIVO

Es el modo más utilizado. Describe una acción o un estado, como en *quiero, ha venido, intentamos*. Se opone al subjuntivo, al condicional y al imperativo.

INFINITIVO

El infinitivo en inglés es la forma base del verbo, la que se encuentra en los diccionarios, vaya o no precedida de una o. (La forma base no va precedida de **to**).

INTERROGACIÓN

Existen dos clases de interrogaciones: las de estilo **directo** y las de estilo **indirecto**. En el primer caso se trata de preguntas tal y como se formulan, con un signo de interrogación (p.ej. *¿cuándo vendrá?*); las segundas son introducidas por una proposición y no necesitan signo de interrogación (p.ej. *me pregunto cuándo vendrá*).

INTERROGATIVO Las palabras interrogativas se utilizan para hacer preguntas o interrogaciones, p.ej. *"¿quién?"*, *"¿por qué?"*. La forma interrogativa de un verbo o una oración es la forma que se utiliza para hacer preguntas, por ejemplo: *¿le conoce?, ¿tengo que hacerlo?, ¿pueden esperar un poco?*

MODAL Los auxiliares modales en inglés son: **can/ could, may/might, must/had to, shall/should, will/would** además de **ought to, used to, dare** y **need**. Una de sus características es que construyen la forma interrogativa sin necesidad de utilizar el auxiliar.

MODISMO Los modismos (o frases hechas) son expresiones que generalmente no pueden traducirse literalmente a otro idioma. Por ejemplo *"he thinks he's the cat's whiskers"*, equivaldría a *"se cree que es descendiente de la pata del Cid"*.

MODO El modo representa la actitud del hablante respecto a la acción de que habla. Ver INDICATIVO, SUBJUNTIVO, CONDICIONAL, IMPERATIVO

NOMBRE Palabra que se utiliza para designar una cosa, un ser animado, un lugar o ideas abstractas. Por ejemplo: *pasaporte, gato, almacén, vida*. Los nombres se dividen en varias categorías como contables, incontables y colectivos. Ver CONTABLE, INCONTABLE, COLECTIVO

NÚMERO El número indica si un nombre es **singular** o **plural**. Un nombre singular hace referencia a una sola cosa o persona (*tren, chico*), y un nombre plural a varias (*trenes, chicos*).

ORACIÓN Ver PROPOSICIÓN

ORDINAL Los numerales ordinales son *primero, segundo, tercero* etc.

PARTICIPIO PASADO

En castellano son las formas *tomado, comido, vivido* etc. El participio pasado inglés es la forma que se utiliza después de **have**, como en **They have gone** (*Se han ido*).

PARTICIPIO PRESENTE

El participio presente en inglés es la forma verbal terminada en **-ing**.

PASADO PERFECTO

Ver PERFECTO

PASIVA

Un verbo está en voz pasiva, y no en voz activa, cuando el sujeto no realiza la acción, sino que la "padece", es decir, recae sobre él: *los abonos son vendidos en taquilla*. En inglés la voz pasiva se forma con el verbo **be** y el participio pasado del verbo, por ejemplo: **was rewarded** (*fue recompensado*).

PERFECTO

Es el aspecto que se utiliza para hablar de una acción cumplida o de una acción del pasado que continúa en el presente. Por ejemplo tenemos **I have seen** (*he visto*), que sería *presente perfecto* o **I had seen** (*yo había visto*), que sería *pasado perfecto*.

PERSONA

En todos los tiempos tenemos tres personas de singular (1ª = yo; 2ª = tú; 3ª = él/ella) y tres personas de plural (1ª = nosotros-as; 2ª =vosotros-as; 3ª = ellos/ellas).

PLURAL

Ver NÚMERO

POSESIVO

Los adjetivos y los pronombres posesivos se emplean para indicar posesión o pertenencia. Son palabras como *mi/mío, tu/tuyo, su/suyo* etc.

PREDICADO

Grupo nominal que sigue al verbo. En la oración: *He's a school teacher, "a school teacher,"* es el predicado.

PRESENTE PERFECTO

Ver PERFECTO

PRONOMBRE

Un pronombre es una palabra que sustituye a un nombre. Existen diferentes clases:

pronombres personales (yo, me, tú, te etc.)

pronombres demostrativos (éste, ése, aquél, ésta...)

pronombres relativos (que, el cual etc.)

pronombres interrogativos (¿quién?, ¿qué?, ¿cuál? etc.)

pronombres posesivos (mío, tuyo, suyo...)

pronombres reflexivos (me, te, se, nos...)

pronombres indefinidos (algún, cualquier...)

PROPOSICIÓN

Una proposición es un grupo de palabras entre las que al menos se incluye un sujeto y un verbo: *"canta"* es una proposición (en este sentido equivale a oración). Hay veces que varias proposiciones se unen, formando una oración compuesta (*canta cuando se ducha y está contento*).

PROPOSICIÓN SUBORDINADA

Una proposición subordinada es aquella que depende de otra. Por ejemplo en *dijo que vendría*, *"que vendría"* es una proposición subordinada.

REFLEXIVO

Los verbos reflexivos expresan acciones que hace el sujeto y que recaen sobre él mismo (p.ej. *me visto*). En inglés no son tan frecuentes como en castellano.

SINGULAR

Ver NÚMERO

SUBJUNTIVO

El subjuntivo habla de lo que no es real (lo que se espera, lo que se desea etc.). Ejemplos: *necesito que vengas, ¡viva el rey!* El subjuntivo tiene un uso muy limitado en inglés.

SUJETO

El sujeto de un verbo es el nombre o pronombre que realiza la acción. En las oraciones *"como chocolate"* y *"Pedro tiene dos gatos"* los sujetos son *"yo"* (se sobreentiende) y *"Pedro"*.

Conviene observar que cuando el sujeto es un pronombre en castellano generalmente se omite (a no ser que se quieran evitar ambigüedades o por razones de contraste); mientras que en inglés prácticamente siempre hay que decirlo.

SUPERLATIVO

Es la forma del adjetivo que en castellano se forma con *"el/la/los/las más/menos..."*.

TIEMPO

El tiempo de un verbo indica cuándo tiene lugar la acción. Puede ser en el presente, en el pasado o en el futuro.

TIEMPO COMPUESTO

Los tiempos compuestos son aquellos que se forman con más de un elemento. En inglés se forman con ayuda de un **auxiliar** y del participio **presente** o **pasado** del verbo conjugado. Por ejemplo: **I am reading, I have gone.**

VERBO

El verbo es una palabra que describe una acción (*cantar, andar*). También puede describir un estado (*ser, parecer, estar, esperar*).

VERBO CON PARTÍCULA

Ejemplos de verbos con partícula son *ask for* o *run up*. Su significado generalmente difiere de lo que se espera cuando se tiene en cuenta las partes de las que se compone. Veamos algunos ejemplos: **"He goes in for skiing in a big way"** *"Le encanta hacer esquí"* (es muy diferente de: **"He goes in for a medical next week"** *"Le van a hacer un examen médico la semana que viene"*) o **"He ran up an enormous bill"** *"Le ha supuesto una factura enorme"* (es diferente de: **"He ran up the road"** *"Subió la carretera corriendo"*).

VOZ

Existen dos voces: la voz activa y la voz pasiva. Ver ACTIVA y PASIVA

2 LOS ARTÍCULOS

A FORMAS

a) El equivalente inglés del artículo indeterminado ("un/una") es **a** delante de palabras que empiecen por consonante o **an** delante de palabras que empiecen por vocal:

a cat	un gato
an owl	una lechuza
a dog	un perro
an umbrella	un paraguas

Conviene recordar que lo que decide si una palabra empieza por consonante o por vocal es su pronunciación, y no su ortografía. Por ello las palabras que empiezan por "h" muda van acompañadas del artículo indeterminado "**an**":

an hour	una hora
an heir	un heredero
an honest man	un hombre honrado

Lo mismo ocurre con las abreviaturas que al pronunciarse empiezan por vocal:

an MP	un diputado (miembro del parlamento)

Por otro lado el diptongo /ju:/, correspondiente a las grafías "eu" o "u", comienza por una semiconsonante, /j/, por lo que le corresponde el artículo **a**:

a university	una universidad
a eucalyptus tree	un eucalipto
a union	un sindicato

Con la palabra **hotel** se puede utilizar **a** o **an** indistintamente, si bien se prefiere el empleo de la forma **a** en el lenguaje hablado.

b)   El equivalente inglés del artículo determinado ("el", "la", "los", "las") es invariablemente **the**:

the cat	el gato
the owl	la lechuza
the armchairs	los sillones
the holidays	las vacaciones

Cuando la palabra que le sigue empieza fonéticamente por vocal, como en el caso de **the owl**, la **e** de **the** se pronuncia parecida a la "i" castellana (ver el punto anterior). También se pronuncia así cuando se pone especial énfasis en el artículo:

He's definitely *the* man for the job.
Está claro que se trata del hombre adecuado para el trabajo.

B   POSICIÓN DEL ARTÍCULO

El artículo precede al nombre, así como a todo adjetivo (vaya o no acompañado de un adverbio) que se sitúe delante del nombre.

a smart hat/the smart hat
un sombrero elegante/el sombrero elegante

a very smart hat/the very smart hat
un sombrero muy elegante/el sombrero muy elegante

No obstante **all** y **both** preceden al artículo determinado:

They had all the fun.
Se lo pasaron muy bien.

Both the men (= both men) were guilty.
Los dos hombres eran culpables.

Los adverbios **quite** y **rather** preceden normalmente al artículo:

It was quite/rather a good play.
Fue una obra muy buena.

It was quite the best play I've seen.
Realmente es la mejor obra que he visto.

Pero cuidado, a veces **quite** y **rather** se sitúan *después* del artículo indeterminado, como por ejemplo en:

> **That was a rather unfortunate remark to make.**
> Fue una observación bastante lamentable.

> **That would be a quite useless task.**
> Sería una tarea completamente inútil.

Los adverbios **too, so** y **as** preceden al adjetivo y al artículo indeterminado. Así pues la construcción es:

> **too/so/as** + adjetivo + artículo + nombre

> **If that is not too great a favour to ask.**
> Si no es pedir demasiado.

> **Never have I seen so boring a film.**
> Nunca había visto una película tan aburrida.

> **I have never seen as fine an actor as Olivier.**
> Nunca he visto un actor tan bueno como Olivier.

También podemos encontrarnos con las siguientes construcciones: **many a** (más de un), **such a** (un/una... tan) y **what a** (¡qué...!)

> **Many a man would do the same.**
> Más de una persona haría lo mismo.

> **She's such a fool.**   **What a joke!**
> Es tan imbécil.   ¡Qué chiste!

Observe que con **such** el adjetivo sigue al artículo indeterminado, mientras que con **so** le precede (ver más abajo):

> **I had never seen such a beautiful painting.**
> Nunca había visto un cuadro tan bonito.

> **I had never seen so beautiful a painting.**
> Nunca había visto un cuadro tan bonito.

Half (media/medio) también precede generalmente al artículo:

> **Half the world knows about this.**
> Lo sabe medio mundo.

> **I'll be back in half an hour.**
> Estaré de vuelta dentro de media hora.

Pero si **half** y el nombre forman una palabra compuesta, el artículo se sitúa delante:

> **Why don't you buy just a half bottle of rum?**
> ¿Por qué no te compras una botella de ron de solo medio litro?

Es decir, una botellita de ron. Compare la oración anterior con la siguiente:

> **He drank half a bottle of rum.**
> Se bebió media botella de ron.

C   USOS

1   EL ARTÍCULO INDETERMINADO (A, AN)

Generalmente el artículo se utiliza tan sólo con nombres contables, pero como veremos en la página 34, el concepto de contable e incontable en determinados nombres es discutible. Utilizaremos el artículo indeterminado en los siguientes casos:

a)   Delante de un nombre genérico, para hacer referencia a una categoría o a una especie:

> **A mouse is smaller than a rat.**
> Un ratón es más pequeño que una rata.

A mouse y **a rat** representan a los ratones y a las ratas en general. El artículo determinado también puede utilizarse delante de un término genérico, con un ligero cambio de sentido. Ver más adelante, pág. 23.

Observe que el nombre genérico **man**, cuando representa a la humanidad (a diferencia de **a man**, **a male human being** "un hombre"), no va acompañado del artículo:

> **A dog is man's best friend.**
> El perro es el mejor amigo del hombre.

b)   Con nombres atributos del sujeto o en aposición, o bien después de **as**, en particular con los nombres que designan profesiones, a diferencia del castellano:

> **He is a hairdresser.**
> Es peluquero.

> **She has become a Member of Parliament.**
> Ahora es diputada.

Miss Behrens, a singer of formidable range, had no problems with the role.
Miss Behrens, cantante de talento extraordinario, no tuvo ningún problema con el papel.

John Adams, a real tough guy, was leaning casually on the bar.
John Adams, un tipo realmente duro, se apoyaba de forma descuidada en la barra.

He used to work as a skipper.
Trabajaba como patrón.

El artículo indeterminado se utiliza en aquellos casos en los que el nombre forma parte de un grupo. Si no hay ninguna clase de pertenencia a un grupo se omite el artículo, como el ejemplo siguiente, en el que la persona mencionada es única:

She is now Duchess of York.
Ahora es Duquesa de York.

Professor Draper, Head of the English Department.
El Profesor Draper, Jefe del Departamento de Inglés.

También se omite el artículo cuando el nombre hace referencia a una característica, y no a la pertenencia a un grupo. Además se omite siempre después de **turn**:

He turned traitor.
Se vendió al enemigo.

Surely you're man enough to stand up to her.
Seguro que eres lo bastante hombre como para hacerle frente.

Be a man!
¡Sé un hombre!

Si aparecen en oposición una relación de palabras se puede omitir el artículo:

Maria Callas, opera singer, socialite and companion of Onassis, died in her Paris flat yesterday.
María Callas, cantante de ópera, mujer mundana y compañera de Onassis, murió ayer en su piso parisino.

El artículo determinado, **the**, se emplea para personas famosas (o para distinguir a dos personas que tienen el mismo nombre):

Maria Callas, the opera singer...
María Callas, la cantante de ópera...

c)   Como preposición.

El artículo indeterminado se utiliza en casos en que el castellano
utiliza la preposición **por** (o el artículo determinado), como en los
ejemplos siguientes:

Haddock is £3.80 a kilo.
El abadejo está a 3,80 libras el kilo.

He earns £200 a week.
Gana 200 libras por semana.

d)   Con **little** (poco) y **few** (pocos).

El artículo indeterminado da a estas dos palabras un sentido positivo
(un poco, unos pocos). Cuando se emplean a solas, **little** y **few** tienen
un sentido negativo:

She needs a little attention. (= some attention)
Necesita un poco de atención.

She needs little attention. (= hardly any attention)
Necesita poca atención.

They have a few paintings. (= some)
Tienen algunos cuadros.

They have few paintings. (= hardly any)
Tienen pocos cuadros.

No obstante **only a little/few** significan aproximadamente lo
mismo que **little/few**, y son más corrientes:

I have only a little coffee left. (= hardly any)
Sólo me queda un poco de café.

I can afford only a few books. (= hardly any)
No puedo permitirme comprar más que unos pocos libros.

Tenga cuidado con la expresión **a good few**, que equivale en
castellano a "bastante":

There are a good few miles to go yet.
Todavía nos quedan unas cuantas millas. (= bastantes)

He's had a good few (to drink).
Ha bebido bastante.

2   EL ARTÍCULO DETERMINADO (THE)

a)   El artículo determinado puede utilizarse tanto con nombres contables como con nombres incontables:

> **the butter** (incontable)   la mantequilla
> **the cup** (contable singular)   la taza
> **the cups** (contable plural)   las tazas

b)   Al igual que el artículo indeterminado, el determinado puede usarse delante de un nombre genérico. En ese caso da al lenguaje un tono más científico:

> **The mouse is smaller than the rat.** (comparar con 1a)
> El ratón es más pequeño que la rata.

> **When was the potato first introduced to Europe?**
> ¿Cuándo se introdujo por primera vez la patata en Europa?

c)   Un grupo preposicional que siga a un nombre puede tener por función determinar o precisar el nombre, o describirle. Si lo que hace es determinarlo, hay que utilizar el artículo determinado:

> **I want to wear the trousers on that hanger.**
> Quiero llevar los pantalones que cuelgan de esa percha.

> **She has just met the man of her dreams.**
> Acaba de conocer al hombre de sus sueños.

> **The parcels from Aunt Mary haven't arrived yet.**
> Todavía no han llegado los paquetes de tía Mary.

Si por el contrario, lo que hace el grupo preposicional es describir o clasificar al nombre, más que determinarlo, generalmente se omite el artículo:

> **Everywhere we looked we saw trousers on hangers.**
> Mirásemos donde mirásemos no veíamos más que pantalones colgando de perchas.

> **Knowledge of Latin and Greek is desirable.**
> Conocimientos de latín y griego son convenientes.

> **Presence of mind is what he needs.**
> Lo que le hace falta es presencia de ánimo.

> **I always love receiving parcels from Aunt Mary.**
> Siempre me gusta recibir paquetes de tía Mary.

En la oración:

The presence of mind that she showed was extraordinary.
La presencia de ánimo que demostró fue extraordinaria.

el empleo de **the** es obligatorio, pues se hace mención de una presencia de ánimo bien determinada, como lo indica la proposición de relativo que le sigue.

En el caso en que el complemento del nombre aparezca introducido por la preposición **of**, que sirve a la vez para describir y determinar al nombre (es decir, el nombre no tiene ni un sentido totalmente general ni totalmente específico), se emplea el artículo determinado:

the women of Paris (= women from Paris, in general)
las mujeres de París

the children of such families (= children from such families)
los hijos de tales familias

d)   La omisión del artículo determinado.

A diferencia del castellano, la omisión del artículo determinado es muy frecuente en inglés. Así, hay un gran número de nombres a los que no se antepone el artículo si hacen referencia a una función o a características en general, más que al objeto en sí mismo. Veamos estas categorías de nombres:

1)   instituciones, como por ejemplo:

church	la iglesia
prison	la cárcel
college	la facultad
school	la escuela
court	el tribunal
university	la universidad
hospital	el hospital

Ejemplos:

Do you go to church?
¿Vas a la iglesia?

She's in hospital again and he's in prison.
Ella está otra vez en el hospital y él en la cárcel.

Aren't you going to school today?
¿No vas hoy a la escuela?

Joan is at university.
Joan está en la universidad.

A diferencia del inglés británico, en inglés americano se prefiere utilizar el artículo determinado delante de **hospital**:

Wayne is back in the hospital.
Wayne está de nuevo en el hospital.

Si el nombre hace referencia al objeto físico (el edificio) y no a su función, se emplea el artículo **the**:

Walk up to the church and turn right.
Vaya hasta la iglesia y después gire a la derecha.

The taxi stopped at the school.
El taxi se paró delante de la escuela.

The se emplea también para acompañar a nombres determinados o precisados por el contexto:

At the university where his father studied.
En la universidad donde su padre estudió.

She's at the university.
Está en la universidad. (de esta ciudad etc.)

Para referirnos a la institución en general se emplea el artículo:

The Church was against it.
La Iglesia estaba en contra.

2) los medios de transporte con la preposición **by** antepuesta:

We always go by bus/car/boat/train/plane.
Siempre vamos en autobús/coche/barco/tren/avión.

3) las comidas:

Can you meet me before lunch?
¿Podemos vernos antes del almuerzo?

Buy some haddock for tea, will you?
Compra abadejo para cenar, ¿vale?

Pero si se hace referencia a una ocasión determinada se utiliza el artículo. De esta forma existe gran diferencia entre:

I enjoy lunch.   Me gusta almorzar (el almuerzo).
y
I am enjoying the lunch.   Me gusta este almuerzo.

En el primer caso se hace referencia al placer de tomar la comida de mediodía, en el segundo caso a un almuerzo determinado.

4) las diferentes partes del día y de la noche después de cualquier preposición que no sea **in** o **during**:

I don't like going out at night.
No me gusta salir por la noche.

These animals can often be seen after dusk.
A menudo podemos ver estos animales después del anochecer.

They go to bed around midnight.
Se acuestan alrededor de medianoche.

pero:

See you in the morning!
¡Hasta mañana por la mañana!

If you feel peckish during the day, have an apple.
Si te entra algo de hambre durante el día, cómete una manzana.

5) las estaciones del año, en particular para expresar contraste entre dos estaciones más que para hacer referencia a un periodo del año.

Observe:

Spring is here.
¡Ya ha llegado la primavera! (se acabó el invierno)

It's like winter today.
Hoy hace un día de invierno.

pero:

The winter was spent at expensive ski resorts.
Pasaban el invierno en costosas estaciones de esquí.

He needed the summer to recover.
Necesitaba el verano para recuperarse.

Después de **in** a veces se utiliza el artículo determinado, con una muy ligera diferencia de sentido entre las dos posibilidades:

Most leaves turn yellow in (the) autumn.
La mayoría de las hojas amarillecen en otoño.

En inglés americano se prefiere el uso de **the**.

6) en expresiones de tiempo acompañadas de **next/last**:

si se hace referencia a estas expresiones con relación al presente normalmente no se utiliza el artículo:

Can we meet next week?
¿Nos vemos la semana que viene?

He was drunk last night.
Ayer noche estaba borracho.

Si no es así se utiliza el artículo:

We arrived on March 31st and the next day was spent relaxing by the pool.
Llegamos el 31 de marzo y el día siguiente lo pasamos en la piscina relajándonos.

7) con nombres abstractos:

a talk about politics
una charla sobre política

a study of human relationships
un estudio sobre relaciones humanas

Suspicion is a terrible thing.
Las sospechas son algo terrible.

pero, claro está, siempre que la palabra represente un caso concreto se utiliza el artículo (ver **2c**) más arriba):

the politics of disarmament
la política de desarme

8) con ciertas enfermedades:

He has diabetes.
Tiene diabetes.

I've got jaundice.
Tengo ictericia.

En un inglés algo más coloquial se puede utilizar el artículo cuando se trata de algunas enfermedades más comunes:

She has (the) flu.   **He's got (the) measles.**
Tiene la gripe.   Tiene la rubéola.

9)   con los colores:

Red is my favourite colour.
Mi color favorito es el rojo.

10)   con nombres de materiales, alimentos, bebidas y sustancias químicas:

Oxygen is crucial to life.
El oxígeno es indispensable para la vida.

Concrete is less used nowadays.
Hoy en día se utiliza menos el hormigón.

I prefer corduroy.   **It smells of beer.**
Prefiero la pana.   Huele a cerveza.

11)   delante de los nombres de idiomas y asignaturas:

German is harder than English.
El alemán es más difícil que el inglés.

I hate maths.
Odio las matemáticas.

Observe en estos casos la utilización de mayúsculas y minúsculas en inglés y en castellano.

12)   delante de los nombres en plural con un significado general:

He loves antiques.   **He's frightened of dogs.**
Adora los objetos de   Tiene miedo de los perros.
antigüedad.

e)   Al igual que en castellano, el artículo determinado generalmente no se utiliza delante de nombres de países, condados, estados, etc:

Switzerland	Suiza
England	Inglaterra
Sussex	Sussex (un condado inglés)
Texas	Texas
in France	en Francia
to America	a América

1)   pero hay algunas excepciones:

the Yemen	Yemen
(the) Sudan	Sudán
(the) Lebanon	(el) Líbano

y cuando el nombre del país lleva complementos que lo
determinan:

the People's Republic of China	**the Republic of Ireland**
la República Popular China	la República de Irlanda

2)   los nombres geográficos en plural toman el artículo:

the Philippines	las Filipinas
the Shetlands	las Shetland
the Azores	las Azores
the Midlands	los Midlands
the Borders	la región de los Borders
the Netherlands	los Países Bajos
the United States	los Estados Unidos

lo mismo ocurre con los apellidos:

the Smiths	los Smith

3)   los nombres de ríos y océanos van acompañados del artículo:

the Thames	el Támesis
the Danube	el Danubio
the Pacific	el Pacífico
the Atlantic	el Atlántico

4)   los nombres de diferentes regiones también llevan artículo:

the Tyrol	el Tirol
the Orient	(el) Oriente
the Ruhr	el Ruhr
the Crimea	Crimea
the City (of London)	la City de Londres (zona financiera de Londres)
the East End	el East End (zona londinense)

5)   los nombres de montañas y lagos no llevan artículo:

Ben Nevis	(el) Ben Nevis
Lake Michigan	(el) lago Michigan

pero las cadenas montañosas sí van precedidas del artículo:

the Himalayas	el Himalaya
the Alps	los Alpes

pero hay excepciones:

the Matterhorn	el Matterhorn
the Eiger	el Eiger

6) los nombres de calles, parques, plazas etc. normalmente no necesitan artículo:

He lives in Wilton Street.   **They met in Hyde Park.**
Vive en Wilton Street.   Se vieron en Hyde Park.

There was a concert in Trafalgar Square.
Hubo un concierto en Trafalgar Square.

Pero hay excepciones. A veces el artículo forma parte del nombre propio:

the Strand   el Strand

y a veces podemos encontrarnos con excepciones elaboradas por el uso puramente local:

the Edgware Road   Edgware Road

f) Cuando se enumera, se omite el artículo, incluso cuando sólo se enumeran dos cosas:

the boys and girls
los chicos y (las) chicas

the hammers, nails and screwdrivers
los martillos, clavos y destornilladores

g) **The** generalmente acompaña a los nombres de hoteles, pubs, restaurantes, teatros, cines y museos:

the Caledonian (Hotel), the Red Lion, the Copper Kettle, the Old Vic, the Odeon, the Tate (Gallery)

Pero hay excepciones: **Covent Garden** (la ópera real) y **Drury Lane** (un teatro del West End londinense).

h) Los periódicos y algunas revistas toman el artículo: **the Observer, the Independent, the Daily Star,**

y ejemplos de revistas: **the Spectator, the Economist**

pero en el caso de las revistas, la mayoría aparecen sin artículo: **Woman's Own, Punch, Private Eye,** etc.

y las dos revistas de radio y televisión, llamadas en otra época **The Radio Times** y **The TV Times** (algunas personas siguen llamándolas así), actualmente son mencionadas sin el artículo a causa de su publicidad en los medios de comunicación: **Radio Times** y **TV Times.**

i) Los instrumentos de música:

el artículo determinado se utiliza cuando hacemos referencia a una capacidad:

> **She plays the clarinet.**
> Toca el clarinete.

Por el contrario, cuando se hace referencia a un momento determinado, más que a una capacidad, se omite el artículo:

> **In this piece he plays double bass.**
> En esta pieza toca el contrabajo.

j) Los títulos y fórmulas de tratamiento generalmente van acompañadas del artículo determinado:

the Queen	la reina
the President	el presidente

Pero si al título o fórmula le sigue el nombre de la persona se omite el artículo:

Doctor MacPherson	el doctor MacPherson
Queen Elizabeth	la reina Isabel

k) La omisión del artículo determinado puede darse en diferentes circunstancias:

1) A veces el artículo determinado se omite ya sea para denotar cierta importancia, una categoría o en ciertas jergas:

> **All pupils will assemble in hall.**
> Todos los alumnos se reunirán en el vestíbulo.

The number of delegates at conference.
El número de delegados en el congreso.

2) En los grandes titulares de los periódicos (también se omite el artículo indeterminado)

Attempt To Break Record Fails
Fracasa el intento de superar el récord

New Conference Centre Planned
Proyecto para un nuevo Palacio de Congresos

3) En instrucciones (también se omite el artículo indeterminado):

BREAK GLASS IN EMERGENCY
ROMPA EL CRISTAL EN CASO DE EMERGENCIA

3 EL NOMBRE

A CLASES DE NOMBRES

Los nombres ingleses no tienen género gramatical (**the** equivale a "el", "la" y "los", "las").

1 NOMBRES CONCRETOS Y NOMBRES ABSTRACTOS

Los nombres pueden clasificarse de diferentes maneras. Una de ella es la división en (1) nombres "concretos", es decir, los que hacen referencia a seres animados o cosas: **woman** (mujer), **cat** (gato), **stone** (piedra), y (2) los nombres "abstractos", es decir, los nombres que expresan un concepto no físico, características o actividades: **love** (amor), **ugliness** (fealdad), **classification** (clasificación).

Gran parte de los nombres abstractos se forman añadiendo una terminación (sufijo) a un adjetivo, un nombre o un verbo, pero hay muchos nombres abstractos que no tienen ninguna terminación; es el caso de **love** (amor), **hate** (odio), **concept** (concepto), etc. Aquí ofrecemos algunas de las terminaciones empleadas más frecuentemente para formar nombres abstractos (algunas también se utilizan para formar nombres concretos).

a) *Nombres abstractos formados a partir de otros nombres*

-age	percent + -age	percentage	porcentaje
-cy	democrat + -cy	democracy	democracia
-dom	martyr + -dom	martyrdom	martirio
-hood	child + -hood	childhood	infancia
-ism	alcohol + -ism	alcoholism	alcoholismo
-ry	chemist + -ry	chemistry	química

b) *Nombres abstractos formados a partir de adjetivos*

-age	short + -age	shortage	escasez
-cy	bankrupt + -cy	bankruptcy	bancarrota
	normal + -cy	normalcy	normalidad (en inglés americano)
-hood	likely + -hood	likelihood	probabilidad
-ism	social + -ism	socialism	socialismo
-ity	normal + -ity	normality	normalidad
-ness	kind + -ness	kindness	amabilidad

c) *Nombres abstractos formados a partir de verbos*

-age	break + -age	breakage	ruptura
-al	arrive + -al	arrival	llegada
-ance	utter + -ance	utterance	expresión
-(at)ion	starve + -ation	starvation	hambre
	operate + -ion	operation	operación
-ment	treat + -ment	treatment	tratamiento

conviene observar que la terminación del nombre, del adjetivo o del verbo, a veces sufre algún cambio antes de añadir el sufijo.

2   NOMBRES COMUNES Y PROPIOS

Los nombres también pueden ser divididos en nombres "comunes" y en nombres "propios", éstos últimos hacen referencia a personas o puntos geográficos, días y meses:

comunes		*propios*	
cup	taza	Peter	Pedro
palace	palacio	China	China
cheese	queso	Wednesday	miércoles
time	tiempo	August	agosto
love	amor	Christmas	Navidad

es importante tener en cuenta que en inglés todos los nombres propios se escriben con mayúscula.

3   NOMBRES CONTABLES E INCONTABLES

Hay una clasificación que divide los nombres en nombres "contables" e "incontables". Esta división regula el uso del artículo indeterminado delante de los nombres. Un nombre contable puede ser considerado como una unidad (y por ello puede contabilizarse), además tiene una forma de singular y otra de plural. Los nombres incontables, por el contrario, no son ni singulares, ni plurales, pues no son unidad, sino "totalidad" y no pueden contarse en unidades; gramaticalmente llevan un verbo en singular:

contables	
a/one pen/three pens	un bolígrafo/tres bolígrafos
a/one coat/three coats	un abrigo/tres abrigos
a/one horse/three horses	un caballo/tres caballos
a/one child/three children	un niño/tres niños

incontables

furniture	(los) muebles
spaghetti	(los) spaghetti
information	(la) información
rubbish	(la) basura
progress	(el) progreso
fish	(el) pescado
fruit	(la) fruta
news	(las) noticias
violence	(la) violencia

cuando no nos referimos a más de una unidad de cada uno de estos nombres incontables, hay que anteponerles otro nombre que sea contable. Así, por ejemplo, se utiliza la palabra **piece** para indicar una o varias unidades:

a piece of furniture/two pieces of furniture
un mueble/dos muebles

de la misma forma diremos **an act of violence** (un acto de violencia), **an item of news** (una noticia), **a strand of spaghetti** (un spaghetti); los nombres **act, item y strand** son contables. El nombre contable que aparece con **cattle** es **head**, que en este caso no añade **-s** para formar el plural: **ten head of cattle** (diez reses).

Veamos ahora otros ejemplos de nombres incontables: **baggage** o **luggage** (equipaje), **garbage** (basura), **advice** (consejo). En lo que se refiere a las palabras **knowledge** (conocimiento) y **accommodation** (alojamiento) ver las páginas 38 y 41 respectivamente.

a)   *Nombres que son a veces contables y a veces incontables*

1)   Algunos nombres pueden ser contables o incontables según se refieren a una "unidad" o a una "masa" o "totalidad". Generalmente son términos que designan alimentos o materiales:

contables	*incontables*
That sheep has only one lamb. Esa oveja sólo tiene un cordero.	**We had lamb for dinner.** Tomamos cordero para cenar.
What lovely strawberries. ¡Qué fresas más estupendas!	**There's too much strawberry in this ice cream.** Este helado tiene mucha fresa.

Do you like my nylons?
¿Te gustan mis medias?

Most socks contain nylon.
La mayoría de los calcetines
contienen nylon.

He bought a paper.
Compró un periódico

I'd like some writing paper.
Quiero papel para cartas

She's a beauty.
Es una belleza.

Love, beauty and truth.
Amor, belleza y verdad.

She has a lovely voice.
Tiene una voz preciosa.

**She has no voice in the making
of decisions.**
No tiene ni voz ni voto en el
momento de tomar decisiones.

2) Como ocurre en castellano, los nombres incontables se convierten
en contables cuando representan una parte o una variedad:

I'd like a coffee.
Quiero un café.

Two white wines, please.
Dos vinos blancos, por favor.

Britain has a large selection of cheeses.
Gran Bretaña tiene una amplia selección de quesos.

a very good beer
una cerveza muy buena

3) Algunos nombres contables son empleados a veces en plural para
dar una idea de inmensidad; en general esto sólo se da en el
lenguaje literario:

The Snows of Kilimanjaro
Las Nieves del Kilimanjaro

Still waters run deep (proverbio)
Del agua brava me libre Dios, que de la mansa me guardaré yo.

Por otra parte, es muy normal emplear **waters** para hacer
referencia a las aguas territoriales de un país (**The territorial limit
of Danish waters**), o a las aguas con características medicinales:
He has been to take the waters at Vichy (ha estado tomando las
aguas en Vichy).

Weather se considera como "totalidad", excepto en la expresión
in all weathers (haga el tiempo que haga).

b) *Algunos problemas que plantean los contables*

Un nombre completamente contable puede ser precedido del artículo indeterminado, de cualquier numeral, de los demostrativos en plural (**these**) o de un indefinido (**few, many**), además puede ir acompañado de un verbo en plural:

a/one table
three/these/those/few/many tables are...

Pero la utilización de algunas palabras es un tanto ambigua:

1) Por ejemplo, la palabra **data**, "datos" (plural de la palabra latina **datum**). Podemos decir **these/those data are**, pero raramente **many/few data** (es preferible decir **much/little data**); en ningún caso diremos **seven data**, pues no se pueden contar. Así pues **data** no tiene singular, y tendremos que decir **seven pieces of data**. De hecho este nombre está convirtiéndose en incontable:

this/that/much/little data is se oye y se lee con mucha mayor frecuencia que **these/those/many/few data are**.

2) **Vegetable** es otro caso interesante. De hecho podemos decir **many vegetables** y **a/one vegetable**. Pero también es verdad que podemos decir **much vegetables** al hacer referencia al conjunto de alimentos clasificados como "verdura", y no a ciertas verduras en particular:

The Japanese still eat twice as much vegetables, including beans, as the British.
Los japoneses comen el doble de verduras, incluidas las judías, que los británicos.

En esta oración se ha utilizado **much**, y no **many**, porque **many vegetables** habría hecho hincapié sobre cada una de las verduras: **many vegetables** viene a significar "muchas clases de verdura" (**many kinds of vegetable**), mientras que aquí hacemos referencia a la cantidad. También podríamos haber evitado este problema escribiendo **a lot of vegetables**. Así pues **much** aparece con ciertos nombres en plural, indicando claramente que se hace hincapié en la "totalidad".

3) Las palabras que modifican la "cantidad" de los plurales también plantean un problema. Las más corrientes son **less** y **fewer** (menos). Son muchos los hablantes que no utilizan **fewer** con nombres plurales, al menos en el lenguaje hablado. De esta forma el comparativo de **few** más utilizado en el lenguaje hablado (a

veces también en el escrito) es **less**. **Fewer** parece pasar a un plano de lenguaje más cuidado y preciso, y es completamente normal oír **less books/students/crimes** (menos libros/estudiantes/crímenes) dicho por cualquier persona, sea cual sea su nivel cultural.

4) *El artículo indeterminado y el plural en el caso de los incontables*

Algunos nombres abstractos son claramente contables (**possibility**), otros son claramente incontables (**indignation, hate, anger**). Algunos de estos nombres abstractos incontables pueden tomar el artículo indeterminado, en particular si aparecen acompañados de un adjetivo o de un grupo adjetival, como por ejemplo un grupo preposicional o una proposición de relativo. Esto es así porque el grupo adjetival individualiza al nombre:

Candidates must have a good knowledge of English.
Los candidatos deben tener un buen conocimiento del idioma inglés.

He expressed an indignation so intense that people were taken aback.
Expresó tamaña indignación que la gente se quedó estupefacta.

A veces encontramos algunos de estos nombres abstractos en plural. Son frecuentes las formas **fears** y **doubts**:

He expressed his fears.   **I have my doubts.**
Expresó sus temores.   Tengo mis dudas.

Hay casos en los que el plural indica manifestaciones individuales de un concepto abstracto:

The use of too many adjectives is one of his stylistic infelicities.
Uno de sus desaciertos estilísticos es el uso de demasiados adjetivos.

c) *Los nombres terminados en -ics.*

Cuando se considera a estos nombres como conceptos abstractos, aquellos van seguidos de un verbo en singular:

Mathematics is a difficult subject.
Las matemáticas son una asignatura difícil.

Por el contrario, cuando se hace referencia a la manifestación práctica de un concepto se utiliza un verbo en plural:

His mathematics are very poor.
Sus matemáticas son muy pobres (su aplicación práctica).

What are your politics?
¿Cuál es su postura política?

d) *Enfermedades, juegos y noticias*

Algunos nombres que terminan en lo que parece ser la **-s** del plural son incontables. Por ejemplo la palabra **news** (noticia), enfermedades como **measles** (rubéola), **mumps** (paperas), **shingles** (herpes zona) y algunos nombres de juegos:

The news hasn't arrived yet.
La noticia no ha llegado todavía.

Mumps is not a dangerous disease.
Las paperas no son una enfermedad peligrosa.

Darts is still played in many pubs.
Todavía se juega a los dardos en muchos pubs.

Billiards is preferred to dice in some countries.
En algunos países se prefiere jugar al billar que a los dados.

Lo mismo ocurre con las siguientes palabras: **bowls** (bolos), **dominoes** (domino), **draughts** (damas) y **checkers** (damas, en inglés americano).

e) *Nombres de "pares"*

Algunos nombres en plural que hacen referencia a objetos compuestos de dos partes iguales, no tienen una forma singular y hay que anteponerles **a pair of** si queremos indicar la cantidad de ejemplares:

My trousers are here.   **This is a good pair of trousers.**
Mis pantalones están aquí.   Es un buen par de pantalones.

Two new pairs of trousers.
Dos nuevos pares de pantalones.

algunos ejemplos más:

bellows (fuelle), **binoculars** (prismáticos), **glasses** (gafas), **knickers** (bragas), **underpants** (calzoncillos), **pincers** (tenazas), **pyjamas** (pajamas, en inglés americano)(pijama), **pliers** (alicates), **scales** (balanza), **scissors** (tijeras), **shears** (tijeras, cizalla), **shorts** (pantalones cortos), **spectacles** (gafas), **tights** (medias), **tongs** (tenacillas), **tweezers** (pinzas)

f) *Nombres que generalmente se utilizan en plural y a los que les sigue un verbo en plural*

1) **arms** (armas), **arrears** (atrasos), **auspices** (auspicios), **banns** (amonestaciones matrimoniales), **clothes** (ropa), **customs** (aduana), **dregs** (poso), **earnings** (ingresos), **entrails** (entrañas), **goods** (mercancía), **greens** (hortalizas), **guts** (tripas, coraje), **lodgings** (alojamiento), **looks** (apariencia), **manners** (modales), **means** (medios económicos), **odds** (desigualdad), **outskirts** (alrededores, extrarradio), **pains** (dolores, esfuerzo), **premises** (local, instalaciones), **quarters** (residencia), **remains** (restos), **riches** (riquezas), **spirits** (humor, alcohol), **suds** (espuma de jabón), **surroundings** (alrededores), **tropics** (trópicos), **valuables** (objetos de valor).

Además podemos incluir un nombre italiano en plural **graffitti** (que también puede llevar un verbo en singular).

Estos nombres generalmente van acompañados de un verbo en plural, pero a veces también tienen una forma singular, cuyo sentido suele ser ligeramente diferente al del mismo nombre en plural:

ashes (cenizas en general), frente a **cigar(ette) ash, tobacco ash** (la ceniza del cigarro/illo, del tabaco).

contents (el contenido), frente a **content** (la capacidad, la cantidad que puede ser contenida):

Show me the contents of your purse.
Enséñame el contenido de tu monedero.

pero:

What exactly is the lead content of petrol?
¿Qué contenido exacto de plomo tiene la gasolina?

funds (fondos), frente a **fund** (un fondo), compare por ejemplo:

I'm short of funds.
Estoy escaso de fondos.

con:

We started a church roof repair fund.
Empezamos a hacer un fondo para la reparación del tejado de la iglesia.

Stairs es más corriente que **stair** en el sentido de **a flight of stairs** (tramo de escalera). **Stair** también puede hacer referencia al escalón de una escalera.

Thanks: en este caso observe la posibilidad de emplear el artículo indefinido delante de un adjetivo (en este caso no hay singular):

A very special thanks to...
Un agradecimiento muy especial para...

Wages: a menudo también aparece en singular, particularmente cuando le precede un adjetivo:

All we want is a decent wage.
Lo único que queremos es un salario decente.

Accommodations (alojamiento) se dice en inglés americano. En inglés británico se utiliza la forma **accommodation**, como incontable.

2) Algunos nombres nunca llevan la terminación de plural:
cattle (ganado), **clergy** (miembros del clero), **livestock** (reses, ganado), **police** (policía, policías), **vermin** (sabandijas, bichos).

Clergy y **police** pueden seguir a un artículo indeterminado si van calificados por un adjetivo, un grupo preposicional o una proposición de relativo. En ese caso existe una diferencia de significado importante entre **clergymen** (miembros del clero) y **body of clergymen** (clero en conjunto), y **policemen** (policías) y **police force** (la policía, institución). Compare:

Seventy-five clergy were present.
Setenta y cinco miembros del clero estaban presentes.

The problem is whether the country needs a clergy with such old-fashioned views.
La cuestión es si el país necesita un clero con puntos de vista tan anticuados.

At least thirty police were needed for that task.
Se necesitaron al menos treinta policías para esa misión.
The country needed a semi-military police.
El país necesitaba una policía paramilitar.

Folk con el significado de "gente" generalmente no lleva -s en inglés británico:

Some folk just don't know how to behave.
Hay personas que no saben comportarse.

mientras que en inglés americano se dice **folks**, cosa que en inglés británico sólo se hace cuando uno se refiere a personas de confianza y que también significa "familia, padres":

Sit down, folks. (inglés británico)
Sentáos, amigos.

I'd like you to meet my folks.
Me gustaría que conocieras a mi familia.

Youth "la juventud", en el sentido de generación, puede ser seguido de un verbo tanto en singular como de un verbo en plural:

Our country's youth has/have little to look forward to.
La juventud de nuestro país tiene pocas perspectivas de futuro.

pero cuando significa "un/a joven" es contable:

They arrested a youth/two youths.
Han arrestado a un joven/dos jóvenes.

g) *Los nombres colectivos*

1) Se trata de nombres cuya forma es singular y que van acompañados de un verbo en singular cuando se refieren a una totalidad o de un verbo en plural cuando deseamos hacer hincapié en que se trata de una suma de individualidades:

The jury is one of the safeguards of our legal system. (sing.)
El jurado es una de las garantías de nuestro sistema judicial.

The jury have returned their verdict. (plural)
El jurado ha dado su veredicto.

Fíjese en el posesivo **their** en el segundo ejemplo. Los pronombres que se refieren a estos nombres generalmente concuerdan en número con el verbo:

As the crowd moves forward it becomes visible on the hill-top.
Según avanza la muchedumbre, se hace visible en la cima de la colina.
The crowd have been protesting for hours; they are getting very impatient.
La muchedumbre ha estado protestando durante horas; se están impacientando.

El empleo del verbo en plural es más extendido en inglés británico que en inglés americano.

Los siguientes nombres son ejemplos típicos de nombres colectivos:

army (ejército), **audience** (público, espectadores), **choir** (coro pequeño), **chorus** (coro grande, estribillo), **class** (clase), **committee** (comité), **enemy** (enemigo), **family** (familia), **firm** (empresa), **gang** (banda, grupo de personas), **younger/older generation** (generación de los jóvenes/viejos), **government** (gobierno), **group** (grupo), **majority** (mayoría), **minority** (minoría), **orchestra** (orquesta), **Parliament** (parlamento), **proletariat** (proletariado), **public** (público), **team** (equipo).

Los nombres de países, cuando se refieren a un equipo (competición deportiva), van generalmente acompañados de un verbo en plural en inglés británico:

Spain have beaten England.
España ha ganado a Inglaterra.

aunque en este caso el singular también sería correcto.

2) Observe que los nombres de países en plural funcionan como los nombres colectivos:

The Philippines has its problems like any other country. (sing.)
Filipinas tiene sus problemas como cualquier otro país.

The Philippines consist of a group of very beautiful islands. (plural)
Filipinas está formada por un grupo de islas de gran belleza.

Lo mismo ocurre con **the Bahamas, the United States,** etc.

3) Las palabras **crew** (tripulación), **staff** (personal, plantilla) y **people** (pueblo), a menudo son nombres colectivos, como en los siguientes ejemplos:

The crew is excellent. (sing.)
La tripulación es excelente.
The crew have all enjoyed themselves. (plural)
Toda la tripulación se ha divertido.

The staff of that school has a good record. (sing.)
El personal/la plantilla de esa escuela tiene buenos expedientes.

The staff don't always behave themselves. (plural)
La plantilla no siempre se comporta bien.

It is difficult to imagine a people that has suffered more. (sing.)
Es difícil imaginar un pueblo que haya sufrido más.

The people have not voted against the re-introduction of capital punishment. (plural)
El pueblo no ha votado contra la reinstauración de la pena capital.

Estas tres palabras se diferencian del resto de los nombres colectivos por el hecho de que pueden ser completamente contables, ya sea con o sin la terminación -s, dependiendo del sentido que tengan. Si el plural termina en -s se referirán a varios grupos colectivos:

five crews/ staffs/ peoples (pueblos, naciones)/ **armies/ governments**, etc.

Sin embargo, el plural sin la terminación en -s hace referencia a los individuos que forman el colectivo:

The captain had to manage with only fifteen crew.
El capitán tuvo que arreglárselas con una tripulación de tan sólo quince miembros.

The English Department had to get rid of five staff.
El Departamento de Inglés tuvo que expulsar a cinco miembros de la plantilla.

He spoke to six people about it.
Habló sobre el tema con seis personas.

Igualmente se podría haber dicho **crew members** en plural.

Respecto a **clergy** y **police** ver la pág. 41.

B   FORMAS

1   **PLURALES EN -(E)S**

a)   En inglés, la marca del plural generalmente es -(e)s:

soup : soups	sopa : sopas
peg : pegs	pinza : pinzas
bus : buses	autobús : autobuses
quiz : quizzes	concurso : concursos
bush : bushes	matorral : matorrales
match : matches	cerilla : cerillas
page : pages	página : paginas

la terminación -es se utiliza para palabras terminadas en -s, -z, -x, -ch o -sh. En ese caso se pronuncia /ɪz/.

b) Los nombres terminados en una consonante más **-y** cambian la **-y** en **-ies**:

    lady : ladies   señora : señoras
    secretary : secretaries   secretaria: secretarias

Pero si la **-y** va precedida de una vocal se hará el plural en **-s**:

    trolley : trolleys   carrito : carritos

Una excepción a esta norma es la que se refiere a la utilización de **monies** (cantidades de dinero) en un lenguaje jurídico o bastante cuidado:

    All monies currently payable to the society.
    Todas las cantidades de dinero que actualmente se debe a la sociedad.

Para más detalles ver el capítulo titulado **Ortografía**, pág. 265.

c) Los nombres terminados en **-o** toman unas veces **-s**, otras veces **-es** para formar el plural. En este caso resulta difícil establecer reglas precisas; a pesar de ello podemos decir que se añade solamente una **-s** si (1) la **-o** sigue a otra vocal (**embryo : embryos** embrión : embriones; **studio : studios** estudio : estudios), o si (2) se trata de una forma abreviada (**photo : photos, piano : pianos** [de **pianoforte**]). En los demás casos, es difícil generalizar, aunque podemos observar una tendencia a hacer el plural con **-s** en el caso de nombres que todavía tienen resonancia extranjera a oídos británicos:

    (en **-es**) **echo** (eco), **cargo** (carga), **hero** (héroe), **mosquito, negro, potato** (patata), **tomato, torpedo**

    (en **-s**) **canto, memento** (recuerdo), **proviso** (salvedad), **quarto** (cuartilla), **solo, zero, zoo**

    (en **-s** o **-es**) **banjo, buffalo, commando, flamingo** (flamenco, ave), **motto** (lema), **volcano**

d) Algunos nombres terminados en **-f (e)** transforman la **-f** en **-ve** al formar el plural:

    calf : calves   pantorrilla, ternero

Lo mismo ocurre con: **elf** (duende), **half** (mitad), **knife** (cuchillo), **leaf** (hoja), **life** (vida), a **loaf** (un pan), **self** (mismo), **sheaf** (gavilla), **shelf** (estante), **thief** (ladrón), **wife** (esposa), **wolf** (lobo).

Algunos nombres pueden tener ambas formas de plural, en -ves o en -s:

dwarf : dwarfs/dwarves	enano
hoof: hoofs/hooves	pezuña
scarf: scarfs/scarves	bufanda
wharf: wharfs/wharves	muelle

Gran parte de estas palabras conservan la -f:

belief : beliefs	creencia

Lo mismo ocurre con **chief** (jefe), **cliff** (acantilado), **proof** (prueba), **roof** (tejado), **safe** (caja fuerte), **sniff** (inhalación) etc.

e)   Algunas palabras tomadas del francés terminan en -s en el singular (por ejemplo **corps**), en ese caso la -s no se pronuncia en la forma del singular. En el plural la ortografía de la palabra se mantiene, pero se pronuncia una /z/.

Los préstamos del francés terminados en -eu o -eau pueden tomar una -s o una -x para formar el plural (en los dos casos se pronuncia /z/); por ejemplo:

adieu, bureau, tableau

gateau generalmente toma una -x.

f)   *Los nombres de animales*

Algunos nombres que designan animales, especialmente los que se refieren a peces, funcionan siempre (o casi siempre) como los nombres de que hablamos en el punto 3a); es decir, no marcan el plural morfológicamente:

cod (bacalao), **hake** (merluza), **herring** (arenque), **mackerel** (caballa), **pike** (lucio), **salmon** (salmón), **trout** (trucha) (pero se dice **sharks** [tiburones]), **deer** (ciervo), **sheep** (oveja), **grouse** (urogallo)

Hay nombres de animales en los que es optativo formar el plural añadiendo una -s. En el mundo de la caza a menudo se omite la -s al referirse a estos animales. Compare:

These graceful antelopes have just been bought by the zoo.
El zoo acaba de comprar estos elegantes antílopes.

They went to Africa to shoot antelope.
Fueron a Africa a cazar antílopes.

6   PLURALES EN -E O -S

Se trata de nombres latinos o griegos cuya terminación en singular es
-a. Los que se usan más frecuentemente forman el plural añadiendo -
s, como **arena(s)** (ruedo, pista) y **drama(s)**. Los nombres más
técnicos o científicos tienden a hacer el plural en -e (resultando la
terminación **-ae**, pronunciada /iː/ o /aɪ/), por ejemplo **alumna/
alumnae** y **larva/larvae**. La terminación que se utiliza en algunos
nombres depende del "nivel" del contexto en que aparecen. Así,
antenna siempre termina en -e cuando se refiere a insectos, pero en -
s cuando significa antena de televisión (inglés americano). Algo
parecido ocurre con **formula** y **vertebra**.

7   PLURALES EN -I O -S (PALABRAS ITALIANAS)

En inglés se utilizan algunos préstamos del italiano, como **libretto,
tempo** y **virtuoso**. Estos nombres a veces conservan su plural
original en -i (/iː/). Esto ocurre con **tempo/tempi**. A veces estos
nombres hacen el plural como cualquier otro nombre inglés. Tenga
en cuenta que **confetti** y las pastas, **macaroni, ravioli, spaghetti**
entre otras, son incontables, es decir, que les sigue un verbo en
singular. En lo que respecta a **graffitti** ver la página 40.

8   PLURALES EN -I O -ES (PALABRAS LATINAS)

Los de uso más corriente hacen el plural en **-es**, como:

   campus(es) (recinto universitario), **chorus(es)** (estribillo, coro),
   virus(es)

Los que se dan en un uso del lenguaje más erudito mantienen en
general su plural latino en **-i** (pronunciado /iː/ o /aɪ/), como por
ejemplo:

   alumnus/alumni, bacillus/bacilli, stimulus/stimuli

Otros hacen el plural de las dos formas: **cactus, fungus** (hongo),
nucleus, syllabus (programa de estudios). Lo mismo ocurre con los
nombres griegos latinizados **hippopotamus** (hipopótamo) y **papyrus**
(papiro). El plural de **genius** (genio) es **geniuses** cuando se refiere a
una persona muy inteligente, pero **genii** cuando se refiere al
personaje mágico.

9   PLURALES DE LOS NOMBRES TERMINADOS EN -EX O -IX

Estos nombres latinos pueden conservar su forma plural original, en
ese caso la terminación singular **-ex/-ix** se transforma en **-ices**, o
hacer el plural en **-es**:

index: plural **indices** o **indexes**

Lo mismo ocurre con **appendix, matrix, vortex**.

Pero hay que tener en cuenta que cuando nos referimos a la parte del
cuerpo, el único plural posible es **appendixes**, mientras que
appendixes o **appendices** pueden utilizarse para designar las partes
de un libro o una tesis.

10   PLURAL DE LOS NOMBRES GRIEGOS TERMINADOS EN -IS

Estos últimos cambian la terminación **-is** /ɪs/ en **-es** /iːz/ para formar el
plural. Por ejemplo:

an analysis	un análisis
different analyses	diferentes análisis

Lo mismo ocurre con **axis** (eje), **basis, crisis, diagnosis, hypothesis,
oasis, parenthesis, synopsis, thesis**.

Pero, ¡cuidado!: **metropolis : metropolises**

11   LOS PLURALES EN -IM O -S

Los tres nombres hebreos **kibbutz, cherub** (querubín) y **seraph**
(serafín) pueden hacer el plural de forma regular, añadiendo **-(e)s**, o
añadiendo **-im**.

12   PLURALES DE LOS NOMBRES COMPUESTOS

a) *El segundo elemento del compuesto aparece en plural*

1) Cuando el segundo elemento del compuesto es un nombre (y no
va precedido de preposición):

boy scouts, football hooligans (hinchas gamberros), **girl friends**
(novias, amigas), **road users** (usuarios de la carretera), **man-
eaters** (antropófagos) (compare con **menservants** en el punto c).

2) cuando el compuesto está formado de verbo + adverbio:

lay-bys (área de aparcamiento), **lie-ins** (un buen sueño, un sueño largo), **sit-ins** (ocupaciones), **stand-bys** (recurso, sustituto), **tip-offs** (noticias confidenciales).

Observe que los nombres terminados en **-ful** y que sirven para indicar medida pueden tener la **-s** en cualquiera de los dos elementos: **spoonsful** o **spoonfuls**.

b) *El primer elemento del compuesto aparece en plural* cuando el segundo elemento del compuesto es un grupo preposicional

editors-in-chief	redactores jefe
fathers-in-law	suegros
men-of-war	buques de guerra

Pero si el primer elemento no está considerado como persona la **-s** se situará al final. Por ejemplo:

will-o'-the-wisps	**jack-in-the-boxes**
fuegos fatuos	cajas sorpresa

Los nombres compuestos formados <u>a partir de</u> un verbo más un adverbio también llevan la **-s** en el primer elemento (a diferencia de los que se componen de verbo + adverbio, que llevan la **-s** al final (ver punto a)):

carryings-on	**hangers-on**	**passers-by**
alborotos	lapas, gorrones	transeúntes

Los nombres compuestos cuyo segundo elemento es **-to-be** forman el plural en el primer elemento:

brides-to-be	**mothers-to-be**
futuras novias	futuras madres

También situaremos la marca de plural en el primer elemento si el segundo es un adjetivo:

courts martial   consejo de guerra

No obstante cada vez hay más palabras de este tipo, el ejemplo anterior incluido, en las que se marca el plural en el segundo elemento:

courts-martial o **court-martials**
attorneys general o **attorney generals** (fiscal del Tribunal Supremo)

directors general o director generals
poets laureate o poet laureates

c)   *Los dos elementos del compuesto aparecen en plural* cuando el
     compuesto con **man** o **woman** sirve para distinguir el género
     (aunque también es posible que el primer elemento permanezca en
     singular)

menservants	sirvientes (compare con **man-eaters** en el punto a)
gentlemen farmers	terratenientes
women doctors	doctoras

C   USO: ¿PLURAL O SINGULAR?

a)   *El plural distributivo*

1)   En grupos nominales:

En muchos casos el inglés, a diferencia del castellano, prefiere el
uso del plural:

between the ages of 30 and 45
en la edad comprendida entre los 30 y los 45 años
o de edades comprendidas entre los 30 y los 45 años

en otros casos coincide en ambas lenguas:

the reigns of Henry VIII and Elizabeth I
los reinados de Enrique VIII e Isabel I

2)   En muchos casos el nombre plural (a menudo precedido de un
adjetivo posesivo) hace referencia a un nombre o pronombre
plural mencionado con anterioridad. Ejemplos:

We changed our minds.
Cambiamos de opinión.

Many people are unhappy about their long noses.
Mucha gente está descontenta con su larga nariz. (**people** es
plural)

Cats seem to spend their lives sleeping.
Los gatos parecen pasarse la vida durmiendo.

They deserve a kick up their backsides.
Se merecen una patada en el trasero.

We respectfully removed our hats.
Nos quitamos el sombrero respetuosamente.

Can we change places?
¿Podemos cambiar de sitio?

Pero esta regla tiene numerosas excepciones. Algunas personas
están con el agua a la cintura: **up to their waists** o **up to their
waist**; o incluso hasta de deudas hasta el cuello: **up to their necks**
o **up to their neck**. Los conductores "cambian de marcha"
(**change gear** o **gears**) y pueden arriesgar "la vida de sus
pasajeros": **the life** o **the lives of their passengers**.

Y algunas personas **turn their nose(s) up** at ciertas cosas, es
decir, las miran por encima del hombro. Parece que si la expresión
se utiliza en un sentido figurado lo más normal es utilizar la forma
del singular, a veces precedida de un artículo determinado, en vez
de un adjetivo posesivo. De esta forma **we pay through the nose**
(pagamos un dineral), **we take children under our wing**
(tomamos niños bajo nuestra protección) o **we are sometimes at
the end of our tether** (estamos hartos); siendo todos ellos una
especie de imagen.

b) *El orden del nombre y del complemento del nombre*

Cuando un nombre va determinado por una preposición más un
nombre en plural (p.ej. **a collection of bottles**) es posible hacer que
el complemento se sitúe delante del nombre (**a bottle collection**).

En ese caso el nombre en plural se convierte en singular al situarse
delante del nombre al que determina.

Hay muchos ejemplos de este tipo: **record dealer** (vendedor de
discos), **chess board** (tablero de ajedrez), **foreign language teaching**
(enseñanza de lenguas extranjeras).

No obstante hay casos en que se prefiere que el complemento que
precede al nombre aparezca en plural; a veces porque en singular
tendría un significado diferente. Así diríamos:

a problems page   un consultorio

porque la palabra **problem** en singular generalmente significa "problemático", como en los siguientes ejemplos:

a problem student	**a problem case**
un estudiante problemático	un caso problemático

Lo mismo ocurre con:

a singles bar
un bar de solteros

an explosives investigation
una investigación sobre explosivos

ya que:

a single bar	una sola barra
an explosive investigation	una investigación explosiva

tienen un significado completamente diferente.

Pero a menudo es posible tanto el singular como el plural:

in this noun(s) section	en esta sección sobre los nombres
a Falkland(s) hero	un héroe de las Malvinas
a call for job(s) cuts	una llamada al recorte de empleos

D   EL GENITIVO

1   FORMAS

a) El genitivo singular se forma añadiendo **-'s** al nombre:

the cat's tail   el rabo del gato

para formar el genitivo plural basta con añadir el apóstrofo a la forma plural:

the cats' tails   los rabos de los gatos

Es importante situar el apóstrofo en el lugar correcto, si no se puede prestar a confusiones. Compare estos ejemplos:

the boy's school	la escuela del chico
the boys' school	la escuela de los chicos

En el primer ejemplo **boy** está en singular, así que hablamos de la escuela de un chico. En el segundo ejemplo **boys** está en plural, así que se habla de la escuela a la que van varios chicos.

Si el plural no termina en **-s** el genitivo plural se forma con **-'s**, como el singular:

the men's toilet	el lavabo de hombres
the children's room	la habitación de los niños

b) *Excepciones*

1) Muchos nombres propios de personajes clásicos (en particular los griegos) que terminan en **-s** toman tan sólo un apóstrofo, especialmente cuando tienen más de una sílaba:

Socrates' wife, Aeschylus' plays
la mujer de Sócrates, las obras de Esquilo

También podemos encontrar nombres de este tipo más recientes que siguen esta misma norma, como por ejemplo:

Dickens' (o Dickens's) novels
las novelas de Dickens

2) Delante de la palabra **sake** (utilizada para formar construcciones equivalentes a "por", "por el amor de", "en aras de") el genitivo singular se marca sólo mediante el apóstrofo cuando la palabra ya termina en **-s**:

for politeness' sake	por cortesía

c) Para formar el genitivo de los nombres compuestos mencionados en la página 49 sólo se añade la terminación **-'s** al segundo elemento del compuesto, incluso si es el primer elemento el único que puede aparecer en plural:

She summoned her ladies-in-waiting.
Convocó a sus damas de compañía.

The lady-in-waiting's mistress.
La señora de la dama de compañía.

2 EL GENITIVO Y LA CONSTRUCCIÓN CON OF

a) *Seres animados (personas, animales)*

El genitivo es más corriente con las personas que con las cosas:

John's mind	la opinión de John
my mother's ring	el anillo de mi madre

En ninguno de los dos ejemplos anteriores utilizaríamos normalmente **of**, pero puede emplearse para hacer referencia a animales:

>**The wings of an insect/the insect's wings.**
>Las alas de un insecto/del insecto.

>**The movements of the worm/the worm's movements.**
>Los movimientos del gusano

No obstante, los animales "superiores" son considerados como personas en lo que concierne a la formación del genitivo:

>**The lion's paw shot out from the cage.**
>De la jaula surgió la garra del león.

b)   *Objetos inanimados*

Lo normal es utilizar la construcción con of:

>**the size of the coat**   **the colour of the telephone**
>la talla del abrigo   el color del teléfono

pero también es posible utilizar el genitivo con algunos nombres de objetos:

>**the mind's ability to recover**
>la capacidad de la mente para recuperarse

>**the poem's capacity to move**
>la capacidad conmovedora del poema

sobre todo si esos nombres hacen referencia a lugares o instituciones:

>**England's heritage** (= the heritage of England)
>el patrimonio de Inglaterra

>**the University's catering facilities** (= the catering facilities of the University)
>el servicio de abastecimiento de la universidad

Los nombres que hacen referencia al tiempo y al valor a menudo aparecen en genitivo:

>**today's menu**   el menú del día
>**two months' work**   el trabajo de dos meses
>**You've had your money's worth**   Has obtenido el valor de
>   tu dinero

Observe que cuando los nombres que indican tiempo aparecen en una construcción con **of** generalmente indican una calidad de primera o una distinción particular, como en:

Our actor of the year award goes to...
Nuestro galardón al mejor actor del año le ha correspondido a...

o bien pueden indicar un dato que no se toma en su sentido literal, como por ejemplo:

the University of tomorrow
la universidad del mañana

El significado de **tomorrow** aquí es el de "futuro".
Un genitivo puede tener un sentido literal o/y metafórico:

Tomorrow's World (metafórico)
el mundo del mañana

tomorrow's phone call (literal)
la llamada telefónica de mañana

tomorrow's food (metafórico/literal)
el alimento del mañana/de mañana

Las medidas de distancia a veces aparecen en genitivo, especialmente en algunas frases hechas:

a stone's throw (away)   **at arm's length**
a dos pasos (de aquí)   al alcance de la mano

3   EL GENITIVO SIN NOMBRE QUE LE SIGA

a) Si el contexto deja bastante claro a qué nombre determina el genitivo, éste puede ser omitido:

It's not my father's car, it's my mother's.
No es el coche de mi padre, es el de mi madre.

b) El "doble genitivo" (es decir, la construcción con **of** y genitivo en la misma frase) es común si el genitivo hace referencia a una persona *muy determinada*. Pero generalmente el primer nombre va precedido de un artículo o pronombre indeterminado, o de un numeral:

He's a friend of Peter's.
Es un amigo de Peter.

He's an acquaintance of my father's.
Es un conocido de mi padre.

He's no uncle of Mrs Pitt's.
No es el tío de la Sra Pitt.

Here are some relatives of Miss Young's.
Aquí hay unos parientes de la Srta Young.

Two sisters of my mother's came to visit.
Dos hermanas de mi madre me hicieron una visita.

A veces el primer nombre va precedido de un demostrativo. Esto conlleva un cierto grado de familiaridad:

That car of your father's - How much does he want for it?
¿Ese coche que tiene tu padre... cuánto quiere por él?

Normalmente no podremos emplear el artículo determinado con el primer nombre a menos que siga al genitivo una proposición de relativo (o cualquier otro determinante):

The poem of Larkin's (that) we read yesterday is lovely.
El poema de Larkin que leímos ayer era precioso.

This is the only poem of Larkin's to have moved me.
Es el único poema de Larkin que me ha conmovido.

c) Cuando aparece un genitivo sin nombre que le siga se sobreentiende generalmente que se trata de un sitio:

at the baker's (= baker's shop)
en la panadería

at Mary's (= at Mary's place)
en casa de Mary

Es importante resaltar que cuando un establecimiento (comercial) es especialmente conocido generalmente se omite el apóstrofo. Así pues apreciamos una tendencia a escribir **at Smiths** (en Smiths) o **at Harrods** (en Harrods); en el primer caso se trata de una cadena de grandes almacenes repartidos por toda Gran Bretaña y el segundo unos famosos grandes almacenes londinenses. Pero lo normal será ver **he bought it at Bruce Miller's** (lo compró en la tienda de Bruce Miller), puesto que esta tienda o almacenes no son conocidos a nivel nacional ni tienen para los hablantes el carácter de institución.

d) A veces nos encontraremos con un nombre en genitivo en dos tipos de construcción: (1) nombre + determinante introducido por preposición o (2) nombres unidos por and. En estas combinaciones se puede añadir la -'s al último elemento:

the Queen of Holland's yacht
el yate de la reina de Holanda

the head of department's office
el despacho del jefe del departamento

John and Kate's new house
la nueva casa de John y Kate

an hour and a half's work
el trabajo de hora y media

Si el nombre está en plural generalmente se utiliza la construcción con of:

the regalia of the Queens of Holland
los atributos reales de las reinas de Holanda

Pero si los dos nombres no forman una unidad, cada uno tomará la terminación -'s del genitivo:

Shakespeare's and Marlowe's plays
las obras de Shakespeare y Marlowe

E EL FEMENINO

En inglés lo normal es que el sustantivo no lleve ninguna marca de género, y se utilice la misma palabra para hacer referencia a un hombre o a una mujer:

banker (banquero-a), **cousin** (primo-a), **doctor** (doctor-a), **friend** (amigo-a), **lawyer** (abogado-a), **neighbour** (vecino-a), **teacher** (profesor-a), **writer** (escritor-a), **zoologist** (zoólogo-a).

Pero hay algunos casos en que se utilizan diferentes terminaciones para distinguir el masculino del femenino):

femenino	*masculino*
actress (actriz)	**actor** (actor)
duchess (duquesa)	**duke** (duque)
goddess (diosa)	**god** (dios)
heroine (heroína)	**hero** (héroe)

princess(princesa)	**prince** (príncipe)
widow (viuda)	**widower** (viudo)
businesswoman	**businessman**
(mujer de negocios)	(hombre de negocios)

aunque en muchos casos lo que hay son dos nombres completamente diferentes, como por ejemplo: **daughter/son** (hija/hijo), **cow/bull** (vaca/toro) etc.

Pero también podemos decir **she's a good actor** (es una buena actriz), o bien **she was the hero of the day** (fue la heroína del momento).

Si es necesario aclarar el sexo de una persona se utiliza:

a female friend (una amiga)	**a male friend** (un amigo)
a female student (una estudiante)	**a male student** (un estudiante)

o bien:

a woman doctor (una doctora)	**a man doctor** (un doctor)

Cuando no es necesario o no es posible dejar claro el sexo de una persona es normal emplear la palabra **person**:

a chairperson	un-a presidente/a
a salesperson	un-a vendedor-a
a spokesperson	un-a portavoz

aunque hay mujeres a las que no molesta ser llamadas **chairman**.

Cada vez es mayor la utilización de la palabra **person**, por ejemplo en los anuncios de trabajo:

SECURITY PERSON REQUIRED
SE NECESITA GUARDIA JURADO

4 LOS ADJETIVOS

1 INTRODUCCIÓN

* Los adjetivos ingleses no tienen concordancia con el nombre.
* El adjetivo normalmente se sitúa delante del nombre, aunque hay algunas excepciones (ver pág. 66).

2 ATRIBUTIVO Y PREDICATIVO

Los gramáticos ingleses dividen los adjetivos en dos clases: atributivos y predicativos. Los términos "atributivo" y "predicativo" hacen referencia a la posición del adjetivo respecto al nombre. Si el adjetivo se sitúa delante del nombre diremos que es atributivo (**this old car** este viejo coche). Si se sitúa solo (sin acompañar a un nombre) detrás de un verbo decimos que es predicativo (**this car is old** este coche es viejo). Hay que tener cuidado pues las gramáticas del castellano dan valores bien distintos a estos términos.

Si un adjetivo tiene varios significados puede que sea atributivo o predicativo dependiendo del significado que tenga en cada caso concreto.

a) Adjetivos atributivos

1) Algunos adjetivos cuya relación con el nombre al que califican es bastante estrecha; a menudo se trata de frases hechas:

He's a moral philosopher.
Es un filósofo dedicado a la moral.

2) A veces se utilizan de esta manera los participios pasados en función de adjetivo:

a disabled toilet (toilet for disabled people)
lavabos para minusválidos

3) En inglés es muy frecuente el uso de nombres en función de adjetivo:

a cardboard box   **a polystyrene container**
una caja de cartón   un envase de poliestireno

a foreign affairs correspondent
un corresponsal de asuntos exteriores

a classification problem
un problema de clasificación

b) *Adjetivos predicativos*

Los adjetivos predicativos generalmente califican una condición física o un estado mental, como **afraid** (asustado), **ashamed** (avergonzado), **faint** (desmayado, muy débil), **fond** (aficionado), **poorly** (malo, de salud), **well/unwell** (bien/mal de salud):

This girl is afraid.
La chica está asustada.

The children need not feel ashamed.
Los niños no tienen por qué estar avergonzados.

He's very fond of football.
Es muy aficionado al fútbol.

He suddenly felt faint.
De pronto se sintió mareado.

Our mother has been unwell for some time.
Nuestra madre no se siente bien desde hace tiempo.

Pero tenga cuidado con la siguiente expresión:

He's not a well man.
No es un hombre sano.

Igualmente, **ill** y **glad** generalmente son predicativos, pero a veces son atributivos cuando no se refieren a una persona:

His ill health may explain his ill humour.
Su mal estado de salud puede que explique su mal humor.

These are glad tidings. (uso antiguo)
Son buenas noticias.

3 POSICIÓN

a) Si al nombre le precede más de un adjetivo, se situarán en primer lugar los predicativos. Los adjetivos que sólo pueden ser atributivos tienen una relación tan estrecha con el nombre que no se puede interponer entre ellos ninguna otra palabra:

He is a young parliamentary candidate.
Es un joven candidato al parlamento.

They have employed a conscientious social worker.
Han empleado a un asistente social muy concienzudo.

A big old red brick house.
Una vieja casona de ladrillo rojo.

Observe que los adjetivos **old** y **little** cambian su significado según su posición. Compare los ejemplos (a, b, c, d) con los ejemplos (e, f, g, y h):

(a) **They only have old worn-out records.**
Sólo tienen viejos discos muy cascados.

(b) **Up the path came a very old (and) dirty man.**
Por el camino apareció un hombre muy viejo y sucio.

(c) **I think I left a little black book behind.**
Creo que me he dejado un librito negro.

(d) **I want the little round mirror over there.**
Quiero el espejito redondo de allí.

(e) **Silly old me!**
¡Mira que soy tonto!

(f) **You dirty old man, you!**
¡Eres un pervertido!

(g) **This is my cute little sister.**
Esta es mi preciosa hermanita.

(h) **What an adorable, sweet little cottage.**
¡Que cabañita más adorable!

En los ejemplos (a-d) **old** y **little** tienen su significado más común, y podrían ser predicativos. Pero en (e-h) se pierde el significado literal de estas expresiones: **a dirty old man** (un pervertido, un maníaco sexual) no es necesariamente viejo. Aquí lo importante no es la edad de la persona, sino su comportamiento. En el ejemplo (g) **my little sister** indica que la hermana es más joven que el hablante, no su tamaño. Por lo que respecta a **little** en el ejemplo (h) nos informa más de los sentimientos del hablante que del tamaño de la casa. Observe también que en el ejemplo (e) **old** no significa "viejo" en absoluto.

b) A veces, cuando aparece pospuesto, el adjetivo se sitúa detrás del
    nombre sin que sea necesaria la intervención de un verbo. Estos
    adjetivos (así como toda calificación añadida) funcionan y se usan de
    forma parecida a las proposiciones de relativo:

> **This is a custom peculiar to Britain.**
> Es una costumbre propia de Gran Bretaña.

> **This is a man confident of success.**
> Es un hombre seguro de su éxito.

Los adjetivos sólo pueden estar en aposición si también son
predicativos, y son muy frecuentes cuando llevan un complemento
preposicional (como los ejemplos anteriores). Pero también nos
encontramos con adjetivos en aposición cuya función es puramente
enfática, en este caso siempre aparecen dos o más adjetivos:

> **Her jewellery, cheap and tawdry, was quickly removed.**
> Sus joyas, baratas y chillonas, le fueron sustraídas rápidamente.

> **He looked into a face sympathetic but firm.**
> Escrutó una cara amable pero firme.

> **Books, new or secondhand, for sale.**
> Libros a la venta, nuevos o de ocasión.

Esta función es bastante frecuente, aunque no obligatoria, detrás de
palabras poco precisas, como **things** (cosas) y **matters** (cuestiones,
asuntos):

> **His interest in matters linguistic.**
> Su interés por cuestiones lingüísticas.

> **She has an abhorrence of things English.**
> Aborrece todas las cosas inglesas.

y con adjetivos terminados en **-able** o **-ible**, sobre todo si al nombre
le precede **only** (único-a) o un superlativo:

> **They committed the worst atrocities imaginable.**
> Cometieron las peores atrocidades imaginables.

> **He's the only person responsible.**
> Es la única persona responsable.

> **This is the most inexpensive model available.**
> Es el modelo disponible más barato.

c) Algunos adjetivos de origen románico se sitúan detrás del nombre al que califican, como en sus lenguas de origen; esto también ocurre en expresiones hechas como **poet laureate** (poeta laureado), **Princess Royal** (Princesa Real), **devil incarnate** (diablo encarnado), **God Almighty!** (¡Dios todopoderoso!), **Secretary General** (Secretario General).

4 COMPARACIÓN DEL ADJETIVO

FORMAS

a) Hay tres grados de comparación: **el positivo, el comparativo** y **el superlativo**:

sweet	**beautiful**	(positivo)
dulce	bello	
sweeter	**more beautiful**	(comparativo)
más dulce	más bello	
sweetest	**the most beautiful**	(superlativo)
el más dulce	el más bello	

Por lo que respecta a los cambios de ortografía que resultan de añadir **-er/-est** (**happy - happier** o **big - bigger**) ver págs. 265-268.

b) *¿-er/-est o more/most?*

1) Cuanto más corto sea el adjetivo, mayor es la probabilidad de que forme el comparativo y el superlativo añadiendo **-er** o **-est**. Esto es así en particular con los adjetivos monosílabos, como **keen, fine, late, wide, neat,** etc. Hay adjetivos de uso muy corriente como **big** o **fast** que siempre añaden **-er/-est**.

Si los adjetivos tienen dos sílabas puede hacerse uso de **-er/-est** o de **more/most**; **-er/-est** son especialmente utilizados con los adjetivos que terminan en **-y, -le, -ow** y **-er**:

(noisy) **This is the noisiest pub I've been in.**
Es el pub más ruidoso en el que jamás haya estado.

(feeble) **This is the feeblest excuse I've heard.**
Es la peor excusa que me han dado.

(shallow) **The stream is shallower up there.**
Allí arriba la corriente es menos profunda.

(clever) **She's the cleverest.**
Es la más inteligente.

Podemos apreciar una tendencia a utilizar cada vez más **more/most**, en lugar de **-er/-est**. **Commoner** y **pleasanter** eran de uso más corriente de lo que son ahora; lo mismo ocurría con **politer** y **handsomer**, en relación a **more polite** y **more handsome**; estos dos últimos ahora son plenamente aceptados.

2)   Los adjetivos de dos o más sílabas utilizan **more/most**:

This is the most idiotic thing I ever heard!
¡Es la cosa más tonta que he oído!

I prefer a more traditional Christmas.
Prefiero unas Navidades más tradicionales.

She's getting more and more predictable.
Su comportamiento es cada vez más previsible.

Pero esta regla también tiene sus excepciones:

She's unhappier than she has ever been.
Es más infeliz que nunca.

He's got the untidiest room in the whole house.
Tiene la habitación más desordenada de toda la casa.

En estos casos también se podría utilizar **more/most**.

3)   Los participios pasados en función adjetiva forman el comparativo y el superlativo con **more/most**:

She's more gifted than her sister.
Es más dotada que su hermana.

The most advanced students.
Los estudiantes más avanzados.

That's the most bored I've ever been!
¡Nunca he estado tan/más aburrido!

Tired también puede tomar **-er/-est**.

4)   Si la comparación se hace entre dos adjetivos (planteando una oposición) hay que utilizar **more**:

This sauce is more sweet than sour.
Esta salsa es más dulce que agria.

c) *Comparativos irregulares*

Algunos determinantes tienen un comparativo y un superlativo irregular.

bad	**worse**	**worst**
malo	peor	el peor
far	**further/farther**	**furthest/farthest**
lejano	más lejano	el más lejano
good	**better**	**best**
bueno	mejor	el mejor
little	**less/lesser**	**least**
pequeño	más pequeño	el más pequeño
many	**more**	**most**
mucho	más	el más
much	**more**	**most**
mucho	más	el más

Fíjese también en los siguientes: **late, latter, last** (reciente, más reciente, el último); pero cuidado: **later** (más tarde), **latest** (el más reciente). **Old** también tiene más de una posibilidad: **old, elder, eldest** (tendente a desaparecer, utilizado delante de nombres de parentesco) y **old, older, oldest**.

Sobre el empleo del comparativo y el superlativo (y sus variantes) ver págs. 70-71.

d) *El comparativo de inferioridad*

Para formar el comparativo y superlativo de inferioridad se anteponen los adverbios **less/the least** al adjetivo:

It's less interesting than I thought it would be.
Es menos interesante de lo que pensaba.

This was the least interesting of his comments.
Fue el menos interesante de sus comentarios.

Existe otra forma de expresar el comparativo:

It's not as/so interesting as I thought it would be.
Es menos interesante de lo que pensaba.

Usos:

a) En las oraciones comparativas **than** se traduce por "que" e **in** por "en", pero cuando **in** acompaña a un superlativo suele traducirse por "de":

> **There isn't a bigger building than this in the world.**
> No hay ningún edificio mayor que éste en el mundo.

> **This is the biggest building in the world.**
> Este es el mayor edificio del mundo.

b) El comparativo se utiliza cuando se comparan dos personas o cosas:

> **Of the two she is the cleverer.**
> Es la más inteligente de las dos.

Actualmente, en inglés, algunos utilizan también el superlativo:

> **Of the two she is the cleverest.**
> Es la más inteligente de los dos.

excepto, claro está, cuando le sigue **than** (she is cleverer than her brother es más inteligente que su hermano).

c) Cuando se comparan más de dos personas o cosas se utiliza el superlativo:

> **She is the cleverest in the class.**
> Es la más inteligente de la clase.

d) En los anuncios publicitarios, más de una vez veremos que no hay más que un término de la comparación:

> **Greece - for a better holiday**
> Grecia... para unas vacaciones mejores

e) En algunos casos el comparativo se utiliza, no para marcar grado, sino contraste. Esto es aplicable sobre todo con adjetivos que no tienen grado positivo:

former : latter primero : último, anterior	**inner : outer** interior : exterior
upper : nether superior : inferior	**lesser : greater** menor : mayor

En este caso estos adjetivos siempre son atributivos, **nether** ha sido substituido casi totalmente por **lower**, y ha quedado limitado al uso humorístico del lenguaje:

> **He removed his nether garments.**
> Se quitó los pantalones.

f) El superlativo absoluto indica que algo tiene un "grado altísimo", pero no "el grado más alto". Generalmente se utiliza en este caso **most** en lugar de **-est**, incluso con adjetivos formados por una sola sílaba:

> **This is most kind!**
> ¡Es amabilísimo de su parte!

> **I thought his lecture was most interesting.**
> Su conferencia me pareció interesantísima.

pero a veces podemos encontrarnos con un superlativo terminado en **-est** en función atributiva:

> **She was rather plain but could suddenly produce the sweetest smile.**
> No tenía nada de bonita, pero de pronto podía dibujar la más dulce de las sonrisas.

> **Please accept my sincerest congratulations!**
> Acepte mi más sinceras felicitaciones.

g) *Casos particulares*

1) *further/farther y furthest/farthest:*

Further es de uso más corriente que **farther** cuando nos referimos a la distancia (y cuando lo utilizamos como adverbio):

> **This is the furthest (farthest) point.**
> Este es el punto más lejano.

(Como adverbio: **I can't go any further (farther)** no puedo ir más lejos)

Si nos referimos al tiempo, o a un nombre, no podremos utilizar más que **further**:

> **Any further misdemeanours and you're out.**
> A la próxima salida de tono te marchas.

This must be delayed until a further meeting
Esto tiene que retrasarse hasta una próxima reunión.

Anything further can be discussed tomorrow.
Lo demás podemos discutirlo mañana.

Igual que cuando lo utilizamos como adverbio:

They didn't pursue the matter any further.
No fueron más allá con el asunto.

2) *later/latter y latest/last:*

Later y **latest** hacen referencia al tiempo, **latter** y **last** al orden, a la secuencia:

(a) **His latest book is on war poetry.**
    Su libro más reciente es sobre la poesía de la guerra.
(b) **His last book was on war poetry.**
    Su último libro fue sobre la poesía de la guerra.

Latest en (a) se refiere a un libro que es novedad, mientras que **last** en (b) se refiere al último de una serie de libros que el autor ha publicado.

Por lo que respecta a **latter**, ver **Los números**, en la página 258. Es importante tener en cuenta que al utilizar **latter** se sobreentiende una división en dos, esto podemos apreciarlo en el siguiente ejemplo: **the latter part of the century** (la segunda mitad del siglo).

3) *less/lesser:*

Less es cuantitativo, mientras que **lesser** es cualitativo:

Use less butter.
Usa menos mantequilla.

The lesser of two evils.
El menor de dos males.

You'll lose less money if you follow my plan.
Perderás menos dinero si sigues mi plan.

There's a lesser degree of irony in this novel.
En esta novela hay un menor grado de ironía.

Tenga en cuenta el uso de **the lesser**, por oposición a **the great(er)**, como adjetivo indicando categoría en un registro técnico o científico:

Lesser Antilles (nombre geográfico)
Antillas Menores

Sobre el uso de **less** con los nombres contables ver **Los nombres**, página 37.

4) *older/elder y oldest/eldest:*

Elder y **eldest** en general sólo hacen referencia a las relaciones de parentesco:

This is my elder/eldest brother.
Es mi hermano mayor.

si bien también podríamos utilizar **older** en estos casos.
Cuando al adjetivo le sigue **than** sólo es posible utilizar **older**:

My brother is older than I am.
Mi hermano es mayor que yo.

Fíjese que **elder** puede utilizarse como nombre:

Listen to your elders.
Escucha a las personas mayores.

She is my elder by two years. (uso especial)
Es dos años mayor que yo.

The elders of the tribe.
Los ancianos de la tribu.

5 LOS ADJETIVOS EMPLEADOS COMO NOMBRES

a) Los adjetivos pueden emplearse como nombres. Este uso se aplica en general para designar **conceptos abstractos** y **clases o grupos de personas** (en general o en un contexto particular):

1) Conceptos abstractos (en castellano adjetivo precedido de **lo**):

The use of the symbolic in his films.
La utilización de lo simbólico en sus películas.

2)   Clases o grupos de personas:

We must bury our dead.
Tenemos que enterrar a nuestros muertos.

The poor are poor because they have been oppressed by the rich.
Los pobres son pobres porque han sido oprimidos por los ricos.

The blind, the deaf.	**The young, the old.**
Los ciegos, los sordos.	Los jóvenes, los viejos.

Fíjese en la celebre frase en que Oscar Wilde describe a los cazadores de zorros:

The unspeakable in full pursuit of the uneatable.
Lo incalificable en persecución de lo incomible.

Observe que en inglés estas palabras tienen un sentido de colectivo plural. Para designar a una persona dentro de un grupo se añade **man, woman, person,** etc. según el caso:

a blind woman	**three deaf people**
una ciega	tres sordos

b)   Normalmente un adjetivo no puede sustituir a un nombre singular contable. En este caso hay que utilizar **one** (ver también **one**, pág. 136):

I don't like the striped shirt; I prefer the plain one.
No me gusta la camisa de rayas, prefiero la lisa.

Of all the applicants the Spanish one was the best.
De todos los candidatos, el español era el mejor.

Por otra parte, existe una serie de participios pasados que se pueden utilizar (acompañados del artículo determinado) para sustituir a un nombre contable. Por ejemplo:

the accused	**the deceased/the departed**
el acusado/los acusados	el fallecido/los fallecidos

The deceased's possessions were sold.
Los bienes del fallecido fueron puestos a la venta

Estos adjetivos sustantivados no forman el plural añadiendo **-s**.

c) En el punto a) vimos unos ejemplos en plural en los que no se añadía -s al adjetivo; no obstante, hay veces en que la conversión de un adjetivo en nombre es total y entonces el adjetivo forma el plural añadiendo la -s:

The blacks against the whites in South Africa.
Los negros contra los blancos en Sudáfrica.

The Reds.   **Here come the newly-weds.**
Los rojos (los comunistas).   Ahí vienen los recién casados.

Please put all the empties in a box.
Por favor, mete las vacías (p.ej. las botellas) en una caja.

d) *Nacionalidades*

1) Podemos hablar de la nacionalidad utilizando cuatro categorías diferentes:

(a) adjetivo normal
(b) nombre y adjetivo idénticos
(c) como en (b), pero el nombre forma el plural añadiendo una -s
(d) nombre y adjetivo diferentes (en plural es posible añadir la -s al nombre)

Grupo (a)

adjetivo: **English Literature**
                  literatura inglesa

utilizado como nombre (cuando se refiere a la nación):

The English are rather reserved.
Los ingleses son bastante reservados.

Los adjetivos del grupo (a) no pueden utilizarse como nombres para hacer referencia a individuos. Para ello hay que añadir la terminación **-man** (o **-woman**):

We spoke to two Englishmen/Englishwomen.
Hablamos con dos ingleses/inglesas.

Otros ejemplos de este grupo son: **Irish** (irlandés), **Welsh** (galés), **French** (francés), **Dutch** (holandés).

Grupo (b)

adjetivo: **Japanese art**
                  arte japonés

utilizado como nombre cuando se refiere a una nación:

The Japanese are a hardworking nation.
Los japoneses son un pueblo muy trabajador.

y cuando se refiere a los individuos (sin añadir **-s** cuando su significado es plural):

It's hard to interpret the smile of a Japanese.
Es difícil interpretar la sonrisa de un japonés.

I've got six Japanese in my class.
En mi clase hay seis japoneses.

Otros adjetivos como **Japanese**, terminados en **-ese**: **Chinese** (chino), **Burmese** (birmano), **Vietnamese** (vietnamita), y **Portuguese** (portugués). También se incluye **Swiss** (suizo) en este grupo.

Grupo (c)

adjetivo: **German institutions**
             instituciones alemanas

utilizado como nombre (plural en **-s**) cuando se refiere a una nación:

The Germans produce some fine cars.
Los alemanes producen unos coches muy buenos.

y cuando se refiere a los individuos (plural en **-s**):

He was having a conversation with a German.
Estaba conversando con un alemán.

We met quite a few Germans.
Conocimos a bastantes alemanes.

Lo mismo ocurre con los adjetivos de nacionalidad que terminan en **-an** y en **-i**, por ejemplo:

African (africano), **American** (americano), **Asian** (asiático), **Australian** (australiano), **Belgian** (belga), **Brazilian** (brasileño), **Canadian** (canadiense), **European** (europeo), **Hungarian** (húngaro), **Indian** (indio), **Iranian** (iraní), **Italian** (italiano), **Norwegian** (noruego), **Russian** (ruso)

Iraqi (iraquí), **Israeli** (israelí), **Pakistani** (paquistaní)
Pero cuidado, **Arabian** (árabe), pertenece al grupo (d).

Por otra parte **Bangladesh** se utiliza como adjetivo, y **Bangladeshi/Bangladeshis** como nombre, referido a los individuos.

En este grupo se incluyen **Czech** (checo), **Cypriot** (chipriota) y **Greek** (griego).

Grupo (d)

adjetivo:　　　　　　　**Danish furniture**
　　　　　　　　　　　muebles daneses

utilizado como nombre cuando se refiere a una nación:

The Danish know how to eat.
Los daneses saben comer.

Pero existe un nombre diferente que también sirve para hacer referencia a la nación:

The Danes know how to eat.
Los daneses saben comer.

y que además es la *única* forma correcta de designar a los individuos:

A Dane will always ask you what something costs.
Un danés siempre te preguntará lo que cuesta una cosa.

There were two Danes in the cast.
Había dos daneses en el reparto.

Lo mismo ocurre con: **British/Briton** (británico), **Finnish/ Finn** (finlandés), **Polish/Pole** (polaco), **Spanish/Spaniard** (español) y **Swedish/Swede** (sueco).

Observe el uso de **Arabian/Arab**: el adjetivo normal es **Arabian** (**Arabian Nights** las Mil y Una Noches) excepto cuando se habla del idioma o de las cifras:

The Arabic language is difficult. - Do you speak Arabic?
El árabe es muy difícil... ¿habla usted árabe?

Thank God for Arabic numerals, I can't cope with the Roman ones.
Gracias a Dios que tenemos los números árabes, con los romanos yo no me manejo.

Arab se utiliza para hablar de los individuos, excepto cuando le precede **Saudi**; en ese caso se utiliza **Saudi Arabian** o **Saudi**:

He's worked a lot with Arabs.
Ha trabajado mucho con árabes.

The hotel has been hired by Saudi Arabians. (o **Saudis**)
Unos saudíes han alquilado el hotel.

2) Notas sobre **Scottish, Scots** y **Scotch** (escocés)

Hoy en día apenas se utiliza **Scotch**, excepto en algunas expresiones relativas a la comida o la bebida, como por ejemplo **Scotch egg** (= huevo cocido envuelto en fiambre y pasado por la sartén), **Scotch whisky, Scotch broth** (= caldo de ternera o cordero con verduras) y **Scotch terrier** (terrier escocés).

En los demás casos lo normal es el adjetivo **Scottish**, como en **a Scottish bar** (un bar escocés), **Scottish football supporters** (los hinchas del fútbol escocés), aunque a veces se utiliza **Scots** para referirnos a personas: **a Scots lawyer** (un abogado escocés). Los lingüistas ahora distinguen entre **Scottish English** (= inglés hablado con un fuerte acento escocés) y **Scots** (= el dialecto escocés).

Para hablar de la nación se utiliza **the Scots** (los escoceses); a veces **the Scottish**. El individuo es **a Scot** (**Scots** en plural) o **a Scotsman, a Scotswoman** (**Scotsmen, Scotswomen** en plural).

5 LOS ADVERBIOS

A DIFERENTES CLASES DE ADVERBIOS

1 ADVERBIOS

Por adverbio entendemos la palabra (p.ej. **happily**) o grupo de palabras que cumplen una función adverbial (proposición o grupo adverbial).

a) *Adverbios como tales y derivados*

Teniendo en cuenta la forma podemos distinguir dos clases de adverbios: los adverbios "como tales" y los adverbios "derivados".

Los adverbios "derivados", como su nombre indica, son los que se derivan de otra clase de palabra, por ejemplo:

happily (felizmente)	del adjetivo **happy**
hourly (por hora)	del nombre **hour** o del adjetivo **hourly**
moneywise (en lo concerniente al dinero)	del nombre **money**

Entre los adverbios "como tales" encontramos:

here aquí		**often** a menudo	
there allí		**never** nunca	
now ahora		**soon** pronto	
then entonces, después		**very** muy	

b) *Clases*

Los adverbios pueden dividirse en clases dependiendo de su significado. Los adverbios que aparecen a continuación son utilizados con bastante frecuencia:

1) Adverbios de tiempo:

   now (ahora), **never** (entonces, después), **once** (una vez), **soon** (pronto), **always** (siempre), **briefly** (en breve)

I saw her once.	La vi una vez.
You always say that.	Siempre dices eso.

2) Adverbios de lugar:

   here (aquí), **there** (allí), **everywhere** (en todas partes), **up** (arriba), **down** (abajo), **back** (detrás)

   Come here!
   ¡Ven aquí!

3) Adverbios de modo:

   well (bien), **clumsily** (torpemente), **beautifully** (maravillosa mente)

   What's worth doing is worth doing well.
   Lo que merece la pena hacer, merece la pena hacerlo bien.

4) Adverbios de intensidad:

   quite, rather (bastante), **very** (muy), **hardly** (apenas), **extremely** (extremadamente)

   This gravy is rather good.
   Esta salsa de carne está bastante bien.

B   FORMAS

a) *Adverbios terminados en -ly*

Generalmente se añade esta terminación directamente al adjetivo correspondiente:

sweet : sweetly
dulce : dulcemente

Pero si el adjetivo termina en **-ic** se añade **-ally**:

intrinsic : intrinsically	**drastic : drastically**
intrínseco : intrínsecamente	drástico : drásticamente

Las únicas excepciones son:

> **public : publicly**
> público : públicamente

y   **politic : politicly** (raramente utilizado)
    astuto: astutamente

En lo que respecta a los cambios ortográficos (como en **happy : happily.** feliz: felizmente o **noble : nobly** noble : noblemente) ver pág. 265.

Observe que los adverbios formados de este modo sobre la base de un adjetivo terminado en **-ed** mantienen la pronunciación de la vocal de esta terminación, independientemente de que se pronuncie o no en el adjetivo:

> **assured : assuredly** (en el adverbio se pronuncia la **-e-**)
> seguro : seguramente

> **offhanded : offhandedly** (la **-e-** se pronuncia tanto en el
>   adjetivo como en el adverbio)
> desenvuelto : con desenvoltura

b) *Adverbios cuya forma es igual a la del adjetivo*

Algunos adverbios tienen la misma forma que el adjetivo correspondiente, por ejemplo:

a fast car	**He drives too fast.**
un coche rápido	Conduce muy rápidamente.
a hard punch	**He hit him hard.**
un puñetazo fuerte	Le golpeó con fuerza.

Otros adverbios presentan dos formas, una igual que el adjetivo y otra con la terminación **-ly**:

> **Why are you driving so slow(ly)?**
> ¿Por qué conduces tan despacio?

> **He speaks a bit too quick(ly) for me.**
> Habla un poco rápido para mí.

A veces la forma adverbial igual al adjetivo se considera más coloquial.

c) *Comparación del adverbio*

Los adverbios cuyo significado puede tener distinto grado pueden formar el comparativo y el superlativo con las terminaciones **-er/-est** o con **more/the most**, de la misma forma que los adjetivos (para más información sobre la clasificación de los adverbios consulte el punto **1-a**).

Los adverbios formados sobre la base de un adjetivo + **-ly** forman el comparativo y el superlativo con **more** y **most** respectivamente:

The most recently published works in this field.
Las obras sobre este campo publicadas más recientemente.

¡Cuidado!: **early** no es un adverbio derivado de un adjetivo + **-ly**, por ello toma la terminación **-er/-est**:

He made himself a promise to get up earlier in the future.
Se hizo la promesa a sí mismo de levantarse más temprano en el futuro.

Los adverbios cuya forma es idéntica a la del adjetivo correspondiente toman la terminación **-er/-est**:

I can run faster than you think.
Puedo correr más rápido de lo que crees.

We arrived earlier than we expected.
Llegamos antes de lo que pensábamos.

Para formar los adverbios de los adjetivos **slow** y **quick** se puede ya añadir la terminación **-ly**, ya dejarlos con la misma forma (lo que algunas personas consideran coloquial). Así pues forman el comparativo de dos maneras:

You ought to drive more slowly.
Deberías conducir más despacio.

Could you drive a little slower please?
¿Te importaría conducir un poco más despacio?

Letters are arriving more quickly than they used to.
Las cartas llegan con mayor rapidez que la que acostumbraban.

Letters are getting through quicker than before.
Las cartas llegan con mayor rapidez que antes.

Los siguientes adverbios son irregulares:

badly	**worse**	**worst**
mal	peor	lo peor
far	**further, farther**	**furthest, farthest**
lejos	más lejos	lo más lejos
little	**less**	**least**
poco	menos	lo menos
much	**more**	**most**
mucho	más	lo más
well	**better**	**best**
bien	mejor	lo mejor

El comparativo de **late** es **later** (regular); el superlativo es **latest** (regular = lo más reciente) y **last** (irregular = lo último). Para las diferencias de uso entre **latest** y **last**, **further/furthest** y **farther/ farthest**, compárelo con el de los adjetivos correspondientes, en la página 72.

d) *Cómo expresar la idea de "cuanto más/menos... más/menos"*

> **The hotter it gets, the more she suffers.**
> Cuanto más calor hace, más sufre.

> **The less I see of him the better!**
> ¡Cuanto menos le vea mejor!

> **The sooner the better.**   **The more the merrier.**
> Cuanto antes mejor.   Cuanto más mejor.

e) *La terminación -wise*

Se puede añadir la terminación **-wise** a un nombre para formar un adverbio; generalmente le da el sentido de "en lo que respecta a"/"en lo que se refiere a" (cualquiera que sea el nombre):

> **How's he feeling? - Do you mean mentally or healthwise?**
> ¿Cómo se encuentra? - ¿Te refieres mentalmente o en lo que se refiere a la salud?

Aunque esta construcción es muy común, tiende a emplearse más en el lenguaje hablado que en el escrito, y nunca se ha considerado demasiado elegante, sino más bien como señal de pobreza estilística.

Things are going quite well schedule-wise.
Las cosas están saliendo bien, en lo que respecta a la planificación.

We're not really short of anything furniture-wise
En lo que respecta a muebles no nos falta nada.

The town's quite well provided restaurant-wise.
La ciudad está bastante bien abastecida en lo que se refiere a restaurantes.

C   USOS

1   FUNCIONES DEL ADVERBIO Y DE LAS CONSTRUCCIONES ADVERBIALES

Los adverbios y construcciones adverbiales pueden modificar o matizar el significado de:

(1) verbos:

He spoke well.   **He spoke in a loud voice.**
Habló bien.   Habló en voz alta.

(2) adjetivos:

That's awfully nice of you.
Es verdaderamente amable de tu parte.

This isn't good enough.
No está lo bastante bien.

(3) otros adverbios:

She didn't sing well enough.
No cantó bastante bien.

It happened extremely quickly.
Ocurrió con excesiva rapidez.

(Observe que **enough** sigue al adjetivo o al adverbio al que modifica).

(4) nombres:

This is rather a mess.   **He's quite a hero.**
Esto es un buen jaleo.   Es todo un héroe.

(5)   toda la oración:

Fortunately they accepted the verdict.
Afortunadamente aceptaron el veredicto.

This is obviously a problem.
Obviamente es un problema.

Amazingly enough, it was true.
Por sorprendente que parezca, era cierto.

2   ADVERBIOS CUYA FORMA ES IDÉNTICA A LA DEL ADJETIVO

Entre ellos se encuentra:

far (lejano-lejos), **fast** (rápido-rápidamente), **little** (pequeño-poco), **long** (largo-mucho tiempo), **early** (primero-temprano), **only** (sólo-solamente)

y unos cuantos terminados en -ly formados sobre la base de un nombre (cuya referencia generalmente es temporal), como por ejemplo:

daily (diario-diariamente), **monthly** (mensual-mensualmente), **weekly** (semanal-semanalmente), **deathly** (mortal-mortalmente), **leisurely** (tranquilo-tranquilamente)

He travelled to far and distant lands. (adjetivo)
Viajó a países lejanos.

He travelled far and wide. (adverbio)
Viajó por todas partes.

This is a fast train. (adjetivo)
Es un tren rápido.

You're driving too fast. (adverbio)
Conduces demasiado rápido.

He bought a little house. (adjetivo)
Se compró una casita.

Little do you care! (adverbio)
¡A ti te importa poco!

Churchill loved those long cigars. (adjetivo)
A Churchill le gustaban esos puros largos

Have you been here long? (adverbio)
¿Lleváis mucho tiempo aquí?

You'll have to catch the early plane. (adjetivo)
Tendrás que coger el primer avión de la mañana.

They arrived early. (adverbio)
Llegaron temprano.

She's an only child. (adjetivo)   **I've only got 10p.** (adverbio)
Es hija única.   Sólo tengo diez peniques.

Do you get a daily newspaper? (adjetivo)
¿Compras un diario?

There is a flight twice daily. (adverbio)
Hay un vuelo dos veces al día.

You'll receive this in monthly instalments. (adjetivo)
Lo recibirá en plazos mensuales.

The list will be updated monthly. (adverbio)
La lista se pondrá al día mensualmente.

A deathly silence fell on the spectators. (adjetivo)
Un silencio mortal se abatió sobre los espectadores.

She was deathly pale. (adverbio)
Estaba pálida como la muerte.

We took a leisurely stroll after dinner. (adjetivo)
Dimos un tranquilo paseo después de la cena.

His favourite pastime is travelling leisurely along the Californian coast. (adverbio)
Su pasatiempo favorito es recorrer tranquilamente la costa californiana.

3   POSICIÓN DEL ADVERBIO

a)   *Adverbios de tiempo*

   1)   Si hacen referencia a un momento preciso generalmente se sitúan al final de la oración:

   The shops close at 8 tonight.
   Las tiendas cierran esta tarde a las ocho.

   Tonight the shops close at 8.
   Esta tarde las tiendas cierran a las ocho.

   Will I see you tomorrow?   **Tomorrow it'll be too late.**
   ¿Te veré mañana?   Mañana será muy tarde.

Pero el adverbio **now** (ahora) generalmente se sitúa delante del verbo:

I now see the point.   **Now I see the point.**   **I see the point now.**
Ahora entiendo.   Ahora entiendo.   Entiendo ahora.

Now is the time to make a decision.
Ahora es el momento de tomar una decisión.

2) Si se hace referencia a un momento poco preciso, generalmente se sitúan delante del verbo principal:

I always buy my shirts here.
Siempre compro mis camisas aquí.

We soon got to know him.
Pronto conocimos como era.

We have often talked about it.
Hemos hablado de ello a menudo.

They have frequently discussed such matters.
Ya han discutido estos asuntos frecuentemente.

Pero estos adverbios generalmente aparecen después de las formas del verbo **to be**:

He's never late.
Nunca llega tarde.

He was frequently in trouble with the police.
Frecuentemente tenía problemas con la policía.

Si hay más de un auxiliar estos adverbios tienden a anteponerse al segundo auxiliar, aunque para darles más énfasis podemos situarlos después:

She has frequently been visited by distant relatives.
Ha recibido frecuentemente visitas de parientes lejanos.

She has been frequently visited by distant relatives.
Frecuentemente ha recibido visitas de parientes lejanos.

b) *Adverbios de lugar*

Generalmente siguen al verbo (y al complemento directo):

They have travelled everywhere.
Han viajado por todas partes.

They have gone back.	**I saw you there.**
Han vuelto.	Te vi allí.

Observe la posición inicial delante del verbo *be*:

There's the postman.	**Here are your books.**
Ahí está el cartero.	Aquí tienes tus libros.

y delante de los pronombres personales que aparecen con los verbos *be*, *come* y *go*:

There he is.	Ahí está.
There she comes	Ahí viene.

c)   *Adverbios de modo*

1)   Generalmente el significado de la oración no se verá alterado por la posición del adverbio. Así pues podemos colocarlo donde mejor nos parezca dependiendo de los matices que queramos expresar:

They stealthily crept upstairs.
They crept stealthily upstairs.
They crept upstairs stealthily.
Subieron a hurtadillas.

Stealthily, they crept upstairs.
A hurtadillas, subieron.

She carefully examined the report.
She examined the report carefully.
Examinó el informe cuidadosamente.

It was beautifully done.
It was done beautifully.
Estaba hecho maravillosamente.

No obstante hay ciertos casos en que queremos hacer especial énfasis en el adverbio, en este caso lo situaremos al final de la oración. Compare los siguientes ejemplos:

He quickly wrote a postcard.
Escribió una postal muy deprisa. (y se fue)

He wrote a postcard quickly.
Escribió muy deprisa una postal. (y no había quien la leyera)

Cuanto más hincapié hagamos en el adverbio de modo, más posibilidades hay de que siga al verbo.

En la siguiente oración sólo hay una posición posible:

They fought the war intelligently.
Dirigieron la guerra de forma inteligente.

2) Si el complemento directo es bastante largo se evita situar el adverbio al final de la oración:

She carefully examined the report sent to her by the Minister.
Examinó cuidadosamente el informe que le mandó el ministro.

3) Situar el adverbio al principio de la oración resulta muy descriptivo y enfático:

Clumsily he made his way towards the door.
Torpemente se dirigió a la puerta.

4) Adverbios como modificadores de oraciones y como modificadores de verbos:

Dependiendo del lugar que ocupe en la oración, el adverbio modificará toda la oración o sólo el verbo:

Compare las oraciones siguientes:

She spoke wisely at the meeting.
Habló juiciosamente en la reunión.

She wisely spoke at the meeting.
Fue lo bastante juiciosa para hablar en la reunión.

Aquí tiene otros ejemplos:

She spoke naturally. (modifica al verbo)
Habló con naturalidad.

She naturally assumed it was right. (modifica a la oración)
Naturally she assumed it was right. (modifica a la oración)
Naturalmente, supuso que era verdad.

She understood it clearly. (modifica al verbo)
Lo comprendió claramente.

She clearly understood it. (modifica a la oración o al verbo)
Lo comprendió claramente.
Claramente, lo comprendió.

Clearly she understood it. (modifica a la oración)
Claramente, lo comprendió.

La palabra **enough** también puede emplearse después de un adverbio para indicar el hecho de que lo que modifica el adverbio es la oración:

Funnily (enough), they both spoke at the meeting.
Por divertido que parezca, los dos hablaron en la reunión.

d) *Adverbios de intensidad*

1) Si modifican a adverbios, adjetivos o nombres, se colocan delante de estas palabras:

She played extremely well.	**This is very good.**
Tocó muy bien.	Esto está muy bien.
It's too difficult to define.	**It's rather a shame.**
Es demasiado difícil de definir.	Si que es una pena.

2) Si no, generalmente preceden al verbo principal:

I nearly forgot your anniversary.
Casi me olvido de tu aniversario.

I could hardly remember a thing.
Apenas podía acordarme de nada.

I merely asked.
Simplemente pregunté.

We just want to know the time of departure.
Sólo queremos saber la hora de salida.

We very much enjoyed your book.
Nos gustó mucho tu libro.

They also prefer white wine.
Ellos también prefieren el vino blanco.

Too (con el significado de "también") generalmente se sitúa después de las palabras que modifica:

You too should go and see the exhibition.
Tú también deberías ir a ver la exposición.

You should try to see that exhibition too.
Deberías intentar ver la exposición también.

3) **Only** (sólo)

Este adverbio pocas veces ofrece dificultad en el inglés hablado, pues la acentuación y la entonación dejan claro su sentido en todos los casos:

(a) **Bill only *saw* Bob today.**
   Bill hoy sólo ha visto a Bob. (pero no ha hablado con él)

(b) **Bill only saw *Bob* today.**
   Bill hoy ha visto sólo a Bob. (a nadie más)

(c) **Bill only saw Bob *today*.**
   Bill sólo ha visto a Bob hoy. (sólo hoy)

Esto hace que en el lenguaje escrito a veces haya cierta dificultad saber exactamente a qué se hace referencia, a menos que el contexto sea muy claro. Por ello, en el ejemplo (b), el lenguaje escrito recurriría a un cambio de posición del adverbio de la manera siguiente:

Bill saw only Bob today.
Bill hoy ha visto sólo a Bob.

y el ejemplo (c) sería así:

It was only today that Bill saw Bob.
Ha sido hoy cuando Bill ha visto a Bob.

En el caso de (a) probablemente se escribiría en cursiva la palabra sobre la que recae el acento:

Bill only *saw* Bob today.
Bill hoy sólo ha visto a Bob.

4) **Very** o **much** (muy/mucho)

* **Very** se utiliza delante de adjetivos en su forma base:

These are very fine.
Son muy bonitos.

así como delante de superlativos en -est:

These are the very finest copies I've seen.
Son las mejores copias que he visto.

No obstante, es **much** el que acompaña al superlativo en la siguiente oración:

This is much the best example in the book.
Este es con mucho el mejor ejemplo del libro.

* **Much** acompaña al comparativo:

   She's much taller than you.
   Es mucho más alta que tú.

   She's much more particular.
   Es mucho más exigente.

* Lo mismo ocurre con los adverbios:

   You do it very well, but I do it much better.
   Tú lo haces muy bien, pero yo lo hago mucho mejor.

* **Much** acompaña a los verbos (**much** es modificado por **very**):

   I love you very much.
   Te quiero muchísimo.

* Delante del participio pasado:

   Si tiene función de adjetivo se emplea **very**:

   I'm very tired.
   Estoy muy cansado.

   We're very interested in this house.
   Estamos muy interesados en esta casa.

   They became very offended.
   Se ofendieron mucho.

   They sat there, all very agitated.
   Allí estaban sentados, muy excitados todos.

   I'm very pleased to meet you.
   Me alegra mucho conocerle.

   These suitcases look very used.
   Estas maletas parecen muy usadas.

   Pero si no aparecen como adjetivos o si mantienen su función verbal se emplea **much**:

   This has been much spoken about. (no very)
   Se ha hablado mucho sobre eso.

These suitcases haven't been much used. (no **very**)
Estas maletas no se han usado mucho.

He has been much maligned. (no **very**)
Se le ha difamado mucho.

They were much taken aback by the reception they received. (**very** es posible también)
Se desconcertaron mucho por la acogida que les dispensaron.

His new house is much admired by people around here.
(no **very**)
Su nueva casa es muy admirada por la gente del lugar.

En lenguaje más coloquial se prefiere emplear **a lot** a **much**, especialmente en la forma afirmativa:

These haven't been used a lot.
Estos no han sido muy utilizados.

5) **Enough.**

Cuando se utiliza como adverbio **enough** se pospone al adjetivo:

He isn't big enough for that yet.
Todavía no es lo bastante grande para eso.

También se puede utilizar después de un nombre:

He isn't man enough for the job.
No es bastante hombre para este trabajo (es demasiado pequeño, o débil).

Observe que **enough** puede separar el adjetivo del nombre:

It's a decent enough town.
Es una ciudad que está bastante bien.

e) *Adverbios como modificadores de una oración*

1) En este caso la posición del adverbio en la oración es bastante libre. Ver los **adverbios de modo**, págs. 88-90. Aquí le ofrecemos algunos ejemplos de oraciones modificadas por adverbios que no son de modo:

Probably that isn't true.
That probably isn't true.
Probablemente no es verdad.

Fortunately he stopped in time.
He fortunately stopped in time.
Afortunadamente se paró a tiempo.

He stopped in time, fortunately.
Se paró a tiempo, afortunadamente.

f) *Posición de* **not**

1) **Not** precede al grupo adverbial al que modifica:

Is he here? - Not yet.
¿Está aquí? - Todavía no.

Do you mind? - Not at all.
¿Te importa? - En absoluto.

He speaks not only English, but also French.
No sólo habla inglés, sino también francés.

He lives not far from here.
No vive lejos de aquí.

En el ejemplo siguiente es **absolutely** (en absoluto) el que modifica a **not**, y no al contrario:

Have you said something to her? - Absolutely not.
¿Le has dicho algo? - Nada en absoluto.

2) **Not** sigue al verbo **be**:

He is not hungry.
No tiene hambre.

3) Dado que **do** se utiliza siempre que el verbo principal de la oración aparece en forma negativa, resulta que en esta forma siempre hay un auxiliar como mínimo. **Not** (o **-n't**) generalmente sigue al primer auxiliar:

He does not smoke/he doesn't smoke.
El no fuma.

They would not have seen her/they wouldn't have seen her.
No la habrían visto.

Pero en la forma interrogativa **not** sigue al sujeto, mientras que **-n't** le precede, uniéndose al auxiliar:

Did they not shout abuse at her?
Didn't they shout abuse at her?
¿No la insultaron?

Have they not shouted abuse at her?
Haven't they shouted abuse at her?
¿No la han insultado?

4) En inglés americano **not** puede preceder a una forma de subjuntivo:

It is important that he not be informed of this.
Es importante que no esté al tanto de esto.

5) Observe también estos ejemplos:

Did you do it? - Not me.
¿Lo has hecho tú? - Yo no.

Will she come? - I hope not.
¿Va a venir? - Espero que no.

Aquí **not** es la negación de **will come** (**I hope she won't come** espero que no venga).

6 LOS PRONOMBRES PERSONALES

persona	singular	plural
1ª	I/me	we/us
2ª	you	you
3ª	he/him, she/her, it	they/them

Consulte la pág. 264 en lo referente al orden de los pronombres personales en la oración.

En la tabla anterior vemos que algunos pronombres aparecen en pareja (separados por una barra); la primera forma es la del sujeto, la segunda se reserva para otros usos:

She's not here yet. (sujeto)
Todavía no está aquí.

Jane didn't see her. (complemento directo)
Jane no la vio.

Jane wrote her a letter. (complemento indirecto)
Jane le escribió una carta.

It's her!   **with/for her**
¡Es ella!   con/para ella

La forma **you** equivale a la segunda persona del castellano, independientemente del número (tú-vosotros), del género (vosotros-vosotras) o del tratamiento (tú/usted, vosotros-as/ustedes).

a) *¿Sujeto o complemento?*

1) Generalmente las formas **I, you, he, she, we, they** se utilizan como sujeto. Oraciones como:

Me and the wife are always there.
Yo y mi mujer siempre estamos allí.

son incorrectas, aunque podamos oírlas más de una vez. No obstante conviene tener en cuenta que a veces se utilizan las formas de complemento (**me, him, her, us, them**) cuando se pretende dar cierto énfasis al pronombre personal:

Who is it? - It's me.	**Who did it? - Me** (o I did)
¿Quién es? - Soy yo.	¿Quién lo ha hecho? - Yo

It is I/he/she etc. son de una corrección casi ridícula.
Es importante recordar que si sigue una oración de relativo que hace referencia al sujeto se conservarán las formas de sujeto de los pronombres personales; así pues diremos:

It was I who did it.
o:
It was me that did it. (coloquial)
Soy yo el que lo ha hecho.

pero siempre diremos:

It was me (that) you spoke to.
Es conmigo con quien hablaste.

La forma de sujeto **I** es corriente en la frase **between you and I** (entre nosotros). Este uso extremadamente correcto es rechazado por algunos que prefieren **between you and me**. Ver más adelante los **pronombres reflexivos**, pág. 106.

2) Después de **than** y **as** generalmente aparece la forma de complemento (si no le sigue ningún verbo):

She's not as good as him, but better than me.
No es tan buena como él, pero mejor que yo.

pero si le sigue un verbo diremos:

She's not as good as he is, but better than I am.
No es tan buena como él, pero mejor que yo.

En un lenguaje más cuidado las formas de sujeto pueden aparecer en posición final precedidas de **than** y **as** (sobre todo después de la primera):

He's a better man than I.
Es un hombre mejor que yo.

b) *Omisión del pronombre sujeto*

Podemos formular como regla que en inglés siempre se utiliza el pronombre sujeto (compare "**I sing**" con "canto"). Pero como en todo, hay algunas excepciones:

1) Omisión de **it**:

En el lenguaje coloquial el pronombre singular de tercera persona (**it**) se puede omitir en casos como:

Looks like rain this afternoon.
Parece que va a llover esta tarde.

What do you think of it? - Sounds/smells good.
¿Qué te parece? - Parece/huele bien.

Pero esta omisión no puede extenderse a todos los casos.

2) Usos particulares:

Se puede omitir el pronombre cuando al sujeto le sigue más de un verbo:

I know the place well, go there once a week, even thought about moving there.
Conozco bien el sitio, voy una vez por semana, incluso a veces he pensado en irme allí.

3) El imperativo:

En el imperativo se omiten los pronombres personales:

Don't do that!
¡No hagas eso!

Pero se pueden utilizar para reforzar el imperativo (p.ej. para amenazar):

Don't you do that!
¡No se te ocurra hacer eso!

c)   *¿He, she o it?*

A veces se utilizan las formas **he (him, his)** o **she (her)** para referirnos a objetos o animales, y no a personas. En este caso el hablante muestra una relación muy estrecha con el objeto o animal en cuestión, o simplemente un especial interés. Cuando no es así, se utiliza **it**:

1)   Animales:

Fluffy is getting on: she probably won't give birth to any more kittens.
Fluffy ya se hace vieja; probablemente ya no tendrá más gatitos.

The poor old dog, take him for a walk, can't you!
¡Pobre perrito!, sácale a dar una vuelta, ¿vale?

pero:

A dog's senses are very keen; it can hear much higher frequencies than we can.
Un perro tiene los sentidos muy desarrollados; puede oír frecuencias mucho más altas que nosotros.

2)   Medios de transporte:

En general se utilizará la forma **she**, a menos que haya una razón concreta para no hacerlo (que puede ser completamente personal):

She's been a long way, this old car.
Este coche, ya viejo, ha hecho muchos kilómetros.

There she is! - the Titanic in all her glory!
¡Ahí está! - ¡el Titanic en todo su esplendor! (haciendo referencia a un barco)

pero:

This ship is larger than that one, and it has an extra funnel.
Este barco es más grande que aquél, y tiene una chimenea más.

The Flying Scotsman will soon have made his/her last journey.
El "Flying Scotsman" hará pronto su último recorrido (hablando de un tren)

3)   Países:

And Denmark? - She will remember those who died for her.
¿Y Dinamarca? - Recordará a los que murieron por ella.

pero:

Denmark is a small country; it is almost surrounded by water.
Dinamarca es un país pequeño, casi rodeado de agua en su
totalidad.

d) *Usos de it*

1) En inglés it se utiliza en expresiones de tiempo meteorológico,
temperatura, así como para describir situaciones y expresar
opiniones:

It's raining.	**It's freezing in here.**
Está lloviendo.	Aquí dentro te congelas.

What's it like outside today?
¿Qué tiempo hace hoy fuera?

It's very cosy here.
Aquí se está a gusto.

It's wrong to steal.	**It's clear they don't like it.**
No está bien robar.	Está claro que no les gusta.

It's not easy to raise that amount of money.
No es fácil reunir tal cantidad de dinero.

It looks as if/seems/appears that they've left.
Parece que se han ido.

También se utiliza para hacer referencia a un punto concreto en el
espacio o en el tiempo:

It's ten o'clock.	**It's June the tenth.**
Son las diez.	Es el 10 de junio.
It's time to go.	**It's at least three miles.**
Es hora de irse.	Al menos son tres millas. (4 km.)

Pero si a lo que hacemos referencia es a la duración utilizaremos
there:

There's still time to mend matters.
Todavía queda tiempo para reparar las cosas.

Tenga en cuenta la frase **it says** (equivalente a la castellana "pone"
cuando hacemos referencia a un texto):

It says in today's Times that a hurricane is on its way.
En el "Times" de hoy pone que se avecina un huracán.

2) También podemos utilizar **it** en expresiones impersonales, sobre todo en frases hechas:

That's it! (that's right)	**Beat it!** (coloquial)
¡Eso es!	¡Esfúmate!
She thinks she's it (coloq.)	**She has it in for him** (coloq.)
Se lo tiene muy creído.	La tiene tomada con él.

e) *Pronombres con referencia impersonal*

A menudo se utiliza **you, we** o **they** para referirse a "la gente en general". La diferencia entre los tres reside en que si se utiliza **you** la persona a la que se hace referencia forma parte de ese grupo de gente, mientras que si el hablante emplea **we** hace hincapié en el hecho de que él mismo forma parte de ese grupo de gente. **They** hace referencia a los *demás* en general:

You don't see many prostitutes in Aberdeen any more.
Ya no ves muchas prostitutas en Aberdeen.

I'm afraid we simply don't treat animals very well.
Mucho me temo que lo que ocurre es que no tratamos muy bien a los animales.

They say he beats his wife.
Dicen que maltrata a su mujer.

1) **You** se emplea para hacer un comentario sobre una situación:

You can never find one when you need one.
Nunca se encuentra uno cuando se necesita.

You can never be too careful.
Nunca se tiene bastante cuidado.

2) **You** se emplea para dar instrucciones:

You first crack the eggs into a bowl.
En primer lugar casque los huevos en la fuente.

You must look both ways before crossing.
Tienes que mirar a los dos lados de la calle antes de cruzar.

Ver también **one**, pág. 104.

f) *Usos especiales de we*

Aparte del uso colectivo de we (pág. 101) conviene también tener en cuenta otros usos:

1) equivalente al "nos" mayestático en castellano; un ejemplo es la célebre frase de la reina Victoria:

We are not amused.
No le vemos la gracia.

2) utilizado en tono condescendiente o irónico, al igual que en castellano; muy utilizado por profesores y enfermeras:

And how are we today, Mr Jenkins? Could we eat just a teeny-weeny portion of porridge?
¿Cómo nos encontramos hoy, Sr. Jenkins? ¿Cree que podremos comer unas poquitas gachas?

I see, Smith, forgotten our French homework, have we?
¡Hombre, Smith! ¿Ya nos hemos olvidado de los deberes de francés?

g) *Usos especiales de they*

1) En la actualidad es muy corriente el uso de they para hacer referencia a somebody, someone, anybody, anyone, everybody, everyone, nobody, no one. Con esto se evita el tener que dudar entre utilizar he o she, o la torpe fórmula he or she (a veces escrito s/he):

Algunas personas consideran incorrecto el uso de he como pronombre colectivo para los dos sexos, acusando este uso de sexista. Por ello se ha impuesto el they (their, them(selves)) colectivo en el inglés hablado, y a veces en el escrito, incluso cuando a veces no se hace referencia más que a un sexo:

If anybody has anything against it, they should say so.
Si alguien tiene algo en contra que lo diga.

Everybody grabbed their possessions and ran.
Todo el mundo cogió sus bienes y se marchó.

Somebody has left their bike right outside the door.
Alguien ha dejado su bicicleta justo delante de la puerta.

Este uso cada vez es más común no sólo con nombres que sigan a **any, some** o **no**, sino también por el artículo indefinido colectivo:

Some person or other has tampered with my files - they'll be sorry.
Alguien ha estado manoseando mis archivos; lo lamentará.

No child is allowed to leave until they have been seen by a doctor.
Ningún niño podrá irse hasta que lo haya visto un médico.

A person who refuses to use a deodorant may find themselves quietly shunned at parties etc.
Las personas que se niegan a usar desodorante pueden encontrarse con que se les rehuye en las fiestas, etc.

Para el uso de **one** ver la pág. 104.

2) **They** se utiliza para hacer referencia a una (o a varias) personas a la(s) que no se conoce, pero que representa(n) el poder, la autoridad, el saber:

They will have to arrest the entire pit.
Tendrán que arrestar a todos los mineros.

They should be able to repair it.
Deberían poder repararlo.

They will be able to tell you at the advice centre.
Te lo podrán decir en las oficinas de información.

When you earn a bit of money they always find a way of taking it off you.
Siempre que ganas un poco más dinero encuentran la forma de quitártelo.

De este uso ha surgido la expresión **"them and us"** (ellos y nosotros), que hace referencia a los que tienen el poder (ellos) y a los que no (nosotros).

h) *Uso impersonal de* **one**

One se utiliza como sujeto y como complemento. La forma posesiva es **one's**.

1) Cuando **one** es impersonal, el hablante se incluye entre "las personas en general":

Well what can one do?
¿Y bien, qué se puede hacer?

One is not supposed to do that.
Eso no se debe hacer.

One es una solución práctica para evitar los fallos de interpretación de sentido que a veces ocurren con **you**, como por ejemplo:

You need to express yourself more clearly.
Tienes que expresarte con mayor claridad.

Si el hablante se refiere a cómo conviene expresarse, y quiere dejar constancia de que no es un consejo a una persona en particular, sería más preciso decir:

One needs to express oneself more clearly.
Hay que expresarse con mayor claridad.

2) El uso de **one** para referirse a la primera persona, es decir, en lugar de **I** (yo) o **we** (nosotros), es considerado como perteneciente a un uso muy cuidado del lenguaje:

Seeing such misery has taught one to appreciate how lucky one is in one's own country.
Ante la visión de tanta miseria uno se ha dado cuenta de lo afortunado que es de vivir en su país.

One doesn't like to be deprived of one's little pleasures, does one?
A uno no le gusta verse privado de sus pequeños placeres, ¿no es cierto?

En inglés americano el pronombre masculino de tercera persona puede hacer referencia al **one** impersonal:

One shouldn't take risks if he can avoid it.
Uno no debería arriesgarse si lo puede evitar.

i)   *¿It o so?*

Compare los siguientes ejemplos:

   (a) **She managed to escape. - I can quite believe it.**
       Logró escapar. - Puedo creérmelo.

   (b) **Did she manage to escape? - I believe so.**
       ¿Logró escaparse? - Creo que sí.

En el ejemplo (a) la convicción es mayor, o podemos decir que está prácticamente convencido. En (b) no lo es tanto, y podríamos sustituir **believe** (creer) por **think** (pensar). De la misma forma, **it** se refiere a algo concreto, pero **so** es más vago. Veamos aquí otros ejemplos en los que **it/so** hacen referencia a una afirmación anterior:

   It's a difficult job, but I can do it.
   Es un trabajo difícil, pero puedo hacerlo.

   You promised to call me but didn't (do so).
   Prometiste llamarme, pero no lo has hecho.

   You're a thief! There, I've said it.
   ¡Eres un ladrón! ¡Toma, lo solté!

   You're a thief! - If you say so.
   ¡Eres un ladrón! - Si tú lo dices.

Otros verbos que toman **so** con frecuencia son: **expect, hope, seem, suppose, tell:**

   Has she left? - It seems so.
   ¿Se ha ido? - Eso parece.

   I knew it would happen, I told you so.
   Sabía que pasaría, te lo dije.

Pero si el adjetivo le sigue (...) siempre funciona de ...

7 LOS PRONOMBRES REFLEXIVOS

persona	singular	plural
1ª	myself	ourselves
2ª	yourself	yourselves
3ª	himself, herself	themselves
	itself, oneself	

a) Pueden cumplir las funciones de predicado, complemento directo, complemento indirecto y seguir a las preposiciones, y siempre hacen referencia al sujeto:

I am not myself today. (predicado)
Hoy no me siento bien.

She has burnt herself. (complemento directo)
Se ha quemado.

We gave ourselves a little treat. (complemento indirecto)
Nos hemos dado un capricho.

Why are you talking to yourself? (complemento preposicional)
¿Por qué hablas sólo (contigo mismo)?

Pero si las preposiciones hacen referencia al espacio o a la dirección (ya sea en sentido literal o en un sentido figurado) generalmente se prefiere utilizar los pronombres personales detrás de una preposición:

We have a long day in front of us.
Tenemos un largo día por delante.

She put her bag beside her.   **Have you got any cash on you?**
Se puso el bolso a su lado.   ¿Llevas encima dinero en metálico?

She married beneath her.
Se casó con alguien de clase inferior.

He has his whole life before him.
Tiene toda la vida por delante.

Pero si hablamos en sentido figurado siempre utilizaremos **beside + -self:**

> **They were beside themselves with worry.**
> La preocupación les tenía fuera de sí.

b) *Uso enfático*

Cuando el hablante desea hacer especial hincapié sobre algo de lo que habla o darle mayor énfasis, a menudo emplea un pronombre reflexivo:

> **You're quite well-off now, aren't you? - You haven't done so badly yourself.**
> Ahora estás bastante bien de dinero, ¿verdad? - No lo has hecho pero que nada mal.

> **Only they themselves know whether it is the right thing to do.**
> Sólo ellos saben si eso es lo que conviene hacer.

> **Get me a beer, will you? - Get it yourself.**
> Traeme una cerveza, ¿anda? - Tráetela tú mismo.

> **For the work to be done properly, one has to do it oneself.**
> Para que el trabajo salga bien tiene que hacerlo uno mismo.

La posición del pronombre reflexivo puede modificar el sentido de la oración:

> **The PM (Prime Minister) wanted to speak to him herself.**
> La Primer Ministro quería hablar con él personalmente.

pero:

> **The PM herself wanted to speak to him.**
> La Primer Ministro en persona quería hablar con él. (o sea, nada más y nada menos que la Primer Ministro)

c) *Después de as, like y than*

Después de estas palabras es muy corriente utilizar los pronombres reflexivos en vez de los pronombres personales, a veces porque se duda entre utilizar el pronombre sujeto o el pronombre complemento (ver **Los pronombres personales**, págs. 96-97):

> **He's not quite as old as myself.**
> No es tan viejo como yo.

> **Like yourself I also have a few family problems.**
> Al igual que tú, yo también tengo unos cuantos problemas familiares.

This job needs people more experienced than ourselves.
Este trabajo necesita gente con más experiencia que nosotros.

He said it was reserved specially for you and myself.
Dijo que estaba reservado especialmente para ti y para mí.

d)   *Verbos reflexivos*

1)   Hay verbos (de uso poco frecuente) cuyo uso es exclusivamente reflexivo, por ejemplo: **absent oneself** (ausentarse), **avail oneself of** (servirse de), **betake oneself to** (entregarse a), **demean oneself** (rebajarse), **ingratiate oneself with**(congraciarse con), **perjure oneself**(perjurar), **pride oneself on** (vanagloriarse de).

2)   Hay otros cuyo significado es completamente diferente dependiendo de si son reflexivos o no:

He applied for the post.
Solicitó el puesto.

He should apply himself more to his studies.
Debería dedicarse más a sus estudios.

3)   Por otra parte hay muchos verbos cuyo sentido sigue siendo el mismo independientemente de que sean reflexivos o no:

They always behave (themselves) in public.
Siempre se comportan bien en público.

We found it very difficult to adjust (ourselves) to the humid climate.
Nos resultó muy difícil adaptarnos al clima húmedo.

Observe que el pronombre reflexivo puede añadir un sentido de determinación al sujeto:

(a) **He proved to be useful.**
     Resultó ser de utilidad.

(b) **So as not to face redundancy, he'll have to prove himself more useful.**
     Si no quiere que le despidan, tendrá que demostrar que es útil.

(c) **The crowd pushed forward.**
     El gentío avanzaba.

(d) **The crowd pushed itself forward.**
     El gentío se abría camino.

En el ejemplo (d) hay más determinación que en el (c).

8 LOS POSESIVOS

a) Adjetivos posesivos

persona	singular	plural
1ª	**my** (mi, mis)	**our** (nuestro-a, nuestros-as)
2ª	**your** (tu, tus; su [de Vd.])	**your** (vuestro-a, vuestros-as; su [de Vds.], sus)
3ª	**his** (su [de él], sus)	**their** (su [de ellos-as], sus)
	her (su [de ella], sus)	**its** (su [de un objeto o animal], sus)

Pronombres posesivos

persona	singular	plural
1ª	**mine** (el mío etc.)	**ours** (el nuestro etc)
2ª	**yours**	**yours**
3ª	**his, hers**	**theirs**

Observe que la tercera persona del singular de los adjetivos tiene tres
formas, que se utilizarán dependiendo de que el poseedor sea
masculino, femenino o neutro (Nota: no hay pronombre posesivo del
pronombre it). Es importante recordar que en inglés no existe el
género gramatical y que la elección entre **his/her** depende
exclusivamente del sexo del poseedor; para objetos y animales se
emplea **its**:

Who is that man? What is his name?
¿Quién es ese hombre? ¿Cómo se llama?

Who is that woman? What is her name?
¿Quién es esa mujer? ¿Cómo se llama?

What street is this? What is its name?
¿Qué calle es ésta? ¿Cómo se llama?

En los casos en que se utiliza **he** o **she** para referirnos a animales u
objetos (ver **Los pronombres personales**, pág. 99) se emplean los
posesivos correspondientes:

Our dog's hurt his/its paw.
Nuestro perro se ha hecho daño en la pata.

The lion is hunting its prey.
El león caza su presa.

Veamos otros ejemplos:

They've bought their tickets. They've bought theirs.
Se han comprado sus entradas. Se han comprado las suyas.

Ours is much older. Ours are much older.
El nuestro/la nuestra es mucho más viejo/a. Los nuestros/las nuestras son mucho más viejos/viejas.

Observe que los pronombres posesivos se utilizan para formar la estructura del «doble genitivo» (ver pág. 59):

He's an old friend of mine.
Es un viejo amigo mío.

That mother of hers is driving me mad.
Esa madre suya me está volviendo loco.

b) *¿Adjetivo posesivo o artículo?*

En muchos casos en que en castellano utilizamos el artículo, en inglés se utiliza el adjetivo posesivo. Esto ocurre con frecuencia cuando hablamos de partes del cuerpo o prendas de vestir:

He put his hands behind his back.
Se puso las manos detrás de la espalda.

She's broken her leg.   **My head is spinning.**
Se ha roto la pierna.   La cabeza me da vueltas.

He moved his foot an inch or two.
Movió el pie un poquito.

What have you got in your pockets?
¿Qué llevas en los bolsillos?

En las oraciones en que aparece una preposición se utiliza generalmente el artículo determinado (aunque también es posible utilizar el adjetivo posesivo):

He grabbed her by the waist.   **He was punched on the nose.**
La cogió de la cintura.   Le dieron un puñetazo en la nariz.

Pero utilizaremos el adjetivo posesivo, y no el artículo, cuando esa parte del cuerpo es calificada por un adjetivo:

He grabbed her by her slim little waist.
La agarró por su delgada cinturita.

Ver también **El plural distributivo** en el capítulo **El nombre**, pág. 54.

9 LOS DEMOSTRATIVOS

singular	*plural*
this, that	**these, those**

Las formas del adjetivo demostrativo (este, esta, ese, esa, estos, estas...) y del pronombre demostrativo (éste, ésta, ése, ésa, éstos, éstas...) son las mismas.

a) **This** y **these** se refieren a algo que se encuentra cerca del hablante, o que tiene una relación *inmediata* con él, mientras que **that** y **those** indican una relación más distante del hablante con el objeto. Podemos decir que **this/these** es a **here/now** lo que **that/those** es a **there/then**:

    (a) **This red pen is mine; that one is yours.**
        Este bolígrafo rojo es mío; ése es tuyo.

    (b) **That red pen is mine; this one is yours.**
        Ese bolígrafo rojo es mío; éste es tuyo.

En el ejemplo (a) el bolígrafo rojo se encuentra más cerca del hablante que el otro bolígrafo; en (b) ocurre justo lo contrario.

Veamos otros ejemplos:

I want to go. - You can't mean that.
Quiero irme. - ¡No dirás eso en serio!

This is what I want you to do...
Esto es lo que quiero que hagas...

In those days it wasn't possible.
En aquellos días no era posible.

What are these (knobs) for?
¿Para qué sirven estos mandos?

This is Christine, is that Joanna? (por teléfono)
Soy Christine, ¿eres Joanna?

Cuando los demostrativos funcionan como pronombres no pueden referirse a personas, a no ser que se trate de sujetos o atributos:

This is Carla   **Who is this?**
Soy Carla   ¿Quién es?

Así pues en:

Would you take this?
¿Lo cogerías?

this no puede referirse a una persona.

b) *Uso indeterminado de this/these*

En el inglés coloquial es muy frecuente la utilización de **this/these** para dar un valor indeterminado; lo oiremos frecuentemente cuando se cuenta una historia o un chiste:

This Irishman was sitting in a pub when...
Estaba un irlandés sentado en un *pub* cuando...

The other day one of these guys came up to me...
El otro día uno de esos tipos se acercó a mí...

c) *Uso adverbial de that/this*

En inglés coloquial **that/this** a menudo se utilizan como adverbios, con un significado parecido al de **so** (tan), precediendo a un adjetivo o a otro adverbio:

I like a red carpet but not one that red.
Me gustan las alfombras rojas, pero no tan rojas.

I don't like doing it that/this often.
No me gusta hacerlo tan a menudo.

Now that we've come this far, we might just as well press on.
Ya que hemos llegado hasta aquí, bien podríamos continuar.

I don't want that/this much to eat!
¡No quiero comer tanto!

She doesn't want to marry him, she's not that stupid.
No quiere casarse con él, no es tan tonta.

10 LOS INTERROGATIVOS

Dentro de este grupo incluiremos: **who/whom/whose**, **which**, **what** y todas las combinaciones con **ever** (p.ej. **whatever**). Podemos distinguir dos funciones diferentes, la de adjetivo y la de pronombre:

> **Which do you want?** (pronombre)
> ¿Cuál quieres?

> **Which flavour do you want?** (adjetivo)
> ¿Qué sabor quieres?

Observe que son invariables independientemente de su función. En el primer ejemplo igualmente podríamos haber traducido «¿cuáles quieres?».

a) *who y whom*

Who y **whom** son siempre pronombres (es decir, nunca les sigue un nombre), y se refieren sólo a personas:

> **Who are you?**
> ¿Quién es usted?

> **To whom were your remarks addressed?**
> ¿A quién dirigías tus comentarios?

Whom se utiliza en un estilo más cuidado cuando funciona como complemento directo, complemento indirecto o complemento preposicional:

> **Whom did she embrace?**
> ¿A quién abrazó?

> **To whom did he give his permission?**
> ¿A quién dio permiso?

> **I demanded to know to whom he had spoken.**

o:

> **I demanded to know whom he had spoken to.**
> Exigí saber con quién había hablado.

En el inglés hablado actual normalmente se utiliza **who** para todas las funciones. (**Whom** debe utilizarse obligatoriamente **después** de una preposición, pero esta estructura no es muy corriente en el lenguaje hablado). Fíjese en estos ejemplos:

Who did you see at the party?
¿A quién viste en la fiesta?

I want to know who you spoke to just now.
I want to know to whom you spoke just now. (estilo cuidado)
Quiero saber con quién acabas de hablar.

b) *whose*

Es el genitivo de **who**. Puede funcionar como pronombre o como adjetivo:

whose are these bags?   **whose bags are these?**
¿de quién son estas bolsas?   ¿estas bolsas de quién son?

c) *which/what*

Al contrario que **who(m)**, **which** puede funcionar como adjetivo o como pronombre, y puede referirse tanto a personas como a objetos:

Which actor do you mean?   **Which of the actors do you mean?**
¿A qué actor te refieres?   ¿A cuál de los actores te refieres?

Of these two recordings, which do you prefer?
¿De estas dos grabaciones cuál prefieres?

Which recording do you prefer?
¿Qué grabación prefieres?

La diferencia entre **which** y **who/what** es que **which** limita la elección. Invita a elegir entre un determinado número de opciones. Compare los siguientes ejemplos:

What would you like to drink?
¿Qué quieres beber?

I've got coffee or tea. Which would you like?
Tengo café o té. ¿Qué prefieres?

Si antes de la pregunta no queda claro el margen de elección no se puede utilizar más que **what**:

What would you like to drink? I've got sherry or vermouth or Campari.
¿Qué quieres beber? Tengo jerez, vermut o Campari.

d) *what*

Cuando funciona como pronombre, what nunca se refiere a una persona:

What is this object?   **Don't ask me what I did.**
¿Qué es este objeto?   No me preguntes lo que hice.

a no ser que se refiera a características personales:

And this one here, what is he? - He's German.
¿Y éste de aquí, qué es? - Es alemán.

Cuando funciona como adjetivo, what puede referirse a una persona, un animal o un objeto:

What child does not like sweets?
¿A qué niño no le gustan los caramelos?

What kind of powder do you use?
¿Qué clase de detergente utilizas?

En lo relativo a la diferencia entre what y which ver el punto **c)** anterior.

Observe el empleo de what en las oraciones exclamativas:

What awful weather!   **What a dreadful day!**
¡Qué tiempo tan horrible!   ¡Qué día tan espantoso!

What must they think!
¡Qué deben pensar!

e) *Con ever*

Si posponemos ever expresamos sorpresa, admiración, enfado y otros sentimientos:

What ever do you mean? (confusión o enfado)
¿Qué quieres decir?

Who ever would have thought that? (sorpresa)
¿Quién hubiera pensado eso?

What ever did you do that for? (enfado, irritación)
¿Por qué has hecho eso?

Which normalmente no se combina con **ever** en este tipo de oraciones interrogativas.

11 LOS PRONOMBRES RELATIVOS

Los pronombres relativos son **who/whom/whose**, **which**, **what**, **that** y todas las formas combinadas con **-ever** (p.ej. **whichever**).

a) Los pronombres relativos (excepto **what**) generalmente tienen un antecedente al que hacen referencia. Así en:

> **She spoke to the man who/that sat beside her.**
> Habló con el hombre que estaba sentado a su lado.

who/that es el pronombre relativo y **the man** es el antecedente.

b) *Proposiciones de relativo especificativas o explicativas*

Una proposición de relativo puede ser especificativa o explicativa. Si la proposición es especificativa su relación con el antecedente es *necesaria* para entender de qué o de quién se habla. Por el contrario, si es explicativa la dependencia del antecedente del relativo es menor. Una proposición de relativo explicativa equivale a una aclaración entre paréntesis. Analicemos el siguiente ejemplo:

> **He helped the woman who was calling out.**
> Ayudó a la mujer que gritaba.

Esta oración podría querer decir dos cosas: (1) «ayudó a la mujer que gritaba, y no a la que no gritó»; o (2) «ayudó a la mujer (esta mujer estaba gritando)».

Si interpretamos la oración de la primera forma se tratará de una oración de relativo especificativa: lo que determina de qué mujer se trataba, es que grita.

Si por el contrario interpretamos la oración de la segunda forma sobreentendemos que la mujer ya ha sido mencionada con anterioridad en la conversación, y que en esta oración de relativo lo que se hace es proporcionar más datos. En suma, nos ofrece una información suplementaria, pero no necesaria.

En realidad es incorrecto decir que el ejemplo que acabamos de explicar puede tener dos significados. Las oraciones de relativo explicativas *deberían* ir precedidas de una coma, las oraciones de relativo especificativas nunca. Por ello en el ejemplo anterior tenemos una oración de relativo especificativa. La oración de relativo explicativa sería:

He helped the woman, who was calling out.
Ayudó a la mujer, que gritaba.

Es evidente que el uso de proposiciones de relativo especificativas no tiene sentido más que cuando existen dos o más posibilidades. Es decir, si tenemos una oración de relativo con un antecedente ya determinado, como my **parents** (todos tenemos un padre y una madre y no hay que especificar más), siempre será explicativa:

My parents, who returned last night, are very worried.
Mis padres, que regresaron anoche, están muy preocupados.

He went to Godalming, which is a place I don't much care for.
Se fue a Godalming, un lugar que no me gusta especialmente.

El pronombre relativo **that** no se utiliza más que en proposiciones de relativo especificativas. **Who** y **which** pueden utilizarse en ambos tipos de oraciones de relativo.

c) *who/whom/that*

Who o that son utilizados como sujeto:

The girl who/that rescued him got a medal.
La chica que le salvó recibió una medalla.

Who(m) o that se utilizan como complemento:

The man who(m)/that she rescued was a tourist.
El hombre al que salvó era un turista.

Whom se utiliza en un lenguaje más cuidado. Para más información sobre el uso de esta forma ver **Los interrogativos**, pág. 113.

d) *who/which/that*

1) **who/that:**

Estas formas se refieren a personas o animales (consúltese el punto c) de Los pronombres personales, pág. 99):

We ignored the people who/that were late.
Hicimos caso omiso de la gente que llegó tarde.

The mouse did not get past Fluffy, who had it in her jaws in no time.
El ratón no pudo pasar delante de Fluffy, ésta lo cogió entre las garras en un abrir y cerrar de ojos.

Observe que en el segundo ejemplo sólo se puede utilizar **who** (no **that**), ya que se trata de una proposición de relativo explicativa. Ver el punto b).

Con los nombres colectivos utilizaremos **who** o **that** cuando hacemos referencia a las partes o miembros de ese colectivo, pero utilizaremos **which** o **that** cuando nos refiramos al conjunto de forma menos individualizada:

The crowd who/that had gathered were in great spirits.
La gente que se reunió tenía mucho entusiasmo. (Referencia a los individuos)

The crowd which/that had gathered was enormous.
La gente que se reunió era muchísima. (Referencia al colectivo)

Lo mismo ocurre con los nombres de empresas y grandes almacenes:

Try Harrods who, I'm sure, will order it for you.
Intenta con Harrods, ellos seguro que te lo encargan. (Referencia a los individuos)

You'll find it in Harrods, which is a gigantic store.
Lo encontrarás en Harrods, que son unos almacenes enormes. (Referencia a la empresa)

2) **which/that**

Which o **that** no se utilizan para referirnos a personas:

The car which/that drove into me.
El coche que me dio.

The disks which/that I sent you.
Los diskettes que te mandé.

¡Cuidado! Aunque podamos utilizar los pronombres personales para referirnos a los medios de transporte, como vimos en la pág. 99, esta «personalización» no se extiende al uso de los pronombres relativos.

e) *whose*

El genitivo **whose** se refiere tanto a personas como animales. Frecuentemente se utiliza para referirnos a cosas en vez de of which:

This is the girl whose mother has just died.
Esta es la muchacha cuya madre acaba de morir.

Oh, that's that new machine whose cover is damaged.
¡Ah!, esta es esa máquina nueva cuya tapa está rota.

The department, whose staff are all over 50, is likely to be closed down.
El departamento, cuya plantilla pasa de los cincuenta años, probablemente acabará siendo cerrado.

These are the antiques whose pedigree is immaculate.
Estas son los antigüedades de cuyo pasado no cabe la menor duda.

The vehicles, the state of which left a good deal to be desired, had been in use throughout the year.
Los vehículos, cuyo estado dejaba mucho que desear, habían sido utilizados a lo largo de todo el año.

f) *which*

1) **Which** nunca se refiere a personas:

I received quite a few books for Christmas, which I still haven't read.
Me regalaron bastantes libros por Navidad que todavía no he leído.

salvo si el antecedente es un rasgo de la personalidad:

She accused him of being an alcoholic, which in fact he is.
Le acusó de alcohólico, cosa que es verdad.

2) **Which** en función adjetival no se encuentra generalmente más que siguiendo a una preposición y si su antecedente es un objeto. Esta función adjetiva de **which** es de un estilo cuidado, incluso cuando sigue a una preposición:

He returned to Nottingham, in which city he had been born and bred.
Volvió a Nottingham, ciudad en la que había nacido y se había criado.

Cuando no va acompañado de una preposición se trata de un estilo muy cuidado:

He rarely spoke in public, which fact only added to his obscurity.
Raramente hablaba en público, hecho este que contribuía a que fuera poco conocido.

si además el antecedente es una persona, estaremos ante un estilo arcaico o legal:

Messrs McKenzie and Pirie, which gentlemen have been referred to above...
Los señores MacKenzie y Pirie, caballeros citados con anterioridad....

g)   *what*

1)   **What** es el único relativo que no tiene antecedente. Puede ser pronombre o adjetivo. Como pronombre generalmente hace referencia a un objeto y a menudo tiene el sentido de **that which** (lo que) o, en plural, **the things which**:

Show me what did the damage.
Enséñame lo que causó los daños.

Como adjetivo puede referirse a una persona o a un objeto y corresponde a **the** (+ nombre) **who/which**:

Show me what damage was done.
Enséñame cuáles han sido los daños.

With what volunteers they could find they set off for the summit.
Con los voluntarios que encontraron, partieron hacia la cima.

What money they had left, they spent on drink.
El dinero que les quedaba, se lo gastaron en bebida.

2)   ¿**what** o **which**?

Sólo **which** puede tener como antecedente a una oración; **what** no tiene antecedente. Pero **what** puede anunciar o anticipar una oración. Compare las siguientes oraciones:

She left the baby unattended, which was a silly thing to do.
Dejaba solo al bebé, lo que era una tontería.

pero:

She left the baby unattended and what's more, she smacked it when it cried.
Dejaba solo al bebé, y lo que es más, le pegaba cuando lloraba.

h) *Con -ever*

El uso de **-ever** con los pronombres relativos no tiene nada que ver con el uso que vimos anteriormente de **ever** con los interrogativos. No sirve para expresar sorpresa, confusión o ningún otro sentimiento, sino que sólo sirve para reforzarlo en el sentido de **no matter (who, which, what)** (lo que/quien quieras/sea):

Tell it to whoever you want to.
Díselo a quien quieras.

Do whatever you like.
Haz lo que quieras.

Take whichever (tool) is better.
Coge la (herramienta) que mejor te parezca.

I'll do it whatever happens.
Lo haré pase lo que pase.

Whatever problems we may have to face, we'll solve them.
Cualquiera que sean los problemas con los que tengamos que enfrentarnos, los solucionaremos.

i) *Omisión del pronombre relativo*

El pronombre relativo puede omitirse (esto es especialmente frecuente en inglés hablado) en las proposiciones de relativo especificativas, a no ser que cumpla la función de sujeto o que vaya precedido por una preposición:

These are the things (which/that) we have to do.
Estas son las cosas que tenemos que hacer.

I saw the boy (who/that) you met last night.
Vi al chico que conociste anoche.

Is this the assistant (who/that) you spoke to?
¿Es éste el ayudante con quien hablaste?

Who's the girl you came to the party with?
¿Quién es la chica con la que viniste a la fiesta?

She's not the woman (that) she was.
Ya no es la mujer que era.

Observe que **that** sólo podríamos utilizarlo en esta última oración.

También hay que tener en cuenta esta construcción, de un lenguaje bastante cuidado:

Who are the people with whom you are doing business?
¿Quiénes son las personas con las que negocias?

En inglés coloquial a menudo se omite el pronombre relativo cuando sigue a **there is, here is, that is**:

There's a man wants to speak to you.
Hay un hombre que quiere hablar contigo.

Here's a car will make your eyes pop out.
Aquí tienes un coche que va a hacer que se te caiga la baba.

It isn't everybody gets a chance like that.
No todo el mundo tiene una oportunidad como ésa.

That was her husband just walked by.
Ese es su marido, el que acaba de pasar.

12 LOS INDEFINIDOS

a) *some* y *any*

1) El uso de **some** y **any** como adjetivos indefinidos es parecido al del artículo indeterminado (**a/an**). **Some** y **any** generalmente acompañan a nombres contables en plural e incontables. A veces tienen un sentido partitivo, en ese caso la mayoría de las veces no es necesario traducirlo al castellano.

   There are some books on my chair.
   Hay unos libros encima de mi silla.

   Have you got any brothers or sisters?
   ¿Tienes hermanos?

   Para más información sobre la clasificación de los nombres en contables e incontables consúltese la pág. 34.

2) **Some** y **any** también pueden funcionar como pronombres (con un significado singular o plural); si aparecen combinados con **-body**, **-one**, **-thing** se trata de pronombres exclusivamente:

   Did you speak to anybody?   **I have some (sugar).**
   ¿Hablaste con alguien?   Tengo (azúcar).

   Tell me something.   **Do you have any (friends)?**
   Cuéntame algo.   ¿Tienes (amigos)?

3) Si el hablante emplea **some** considera que el objeto, animal o persona sobre los que habla existen, o al menos eso espera. Si utiliza **any** no formula ninguna condición sobre la existencia del objeto o persona a que se refiere. Por ello, **any** se utiliza en oraciones negativas y con palabras que tienen un sentido negativo, como **hardly** (apenas):

   I haven't got any money, but you have some.
   No tengo dinero, pero tú tienes.

   I have got hardly any money.
   Apenas tengo dinero.

Any también es frecuente en las oraciones interrogativas y en las condicionales, pues se trata por definición de oraciones no afirmativas:

Have you got any money?
¿Tienes dinero?

If you have any money, give it to me.
Si tienes dinero, dámelo.

No obstante, es un error afirmar (como hacen algunas gramáticas) que **some** apenas se utiliza en las oraciones interrogativas o condicionales. Su uso depende de lo que el hablante nos quiera dar a entender. Compare las siguientes oraciones:

(a) **Have you got some brandy for the pudding?**
¿Tienes coñac para el *pudín*?

(b) **Did you bring some sweets for the kids?**
¿Has traído caramelos para los niños?

(c) **If you had some milk, you'd feel better.**
Si tomaras leche, te sentirías mejor.

(d) **If they leave some ice-cream behind, can I have it?**
¿Si dejan algo de helado, puedo tomármelo?

(e) **Have we got any brandy in the house?**
¿Tenemos coñac en casa?

(f) **Did you give any sweets to that donkey?**
¿Has dado caramelos a ese burro?

(g) **If you've had any milk, please tell me.**
Si ha tomado leche, dígamelo por favor.

(h) **If they left any ice-cream behind, I didn't see it.**
Si dejaron helado, no lo vi.

En los ejemplos (a)-(d) **some** supone una actitud positiva por parte del hablante: «seguramente tienes coñac», «espero que hayas traído caramelos», «anímate a tomar leche», «existe la posibilidad de que no se tomen todo el helado», mientras que en (e)-(h) con **any** nuestra actitud es neutra, no esperamos nada de cada situación, sólo indagamos o informamos.

4) **Some/any** y sus compuestos:

Compare:

(a) **Have they produced any?**
   ¿Han hecho alguno?

(b) **Have they produced anything?**
   ¿Han hecho algo?

En el ejemplo (a) el nombre al que se refiere **any** ha sido mencionado con anterioridad y se sobreentiende, mientras que en el ejemplo (b) no se hace referencia directa a nada en particular. Vamos a ver otro caso que responda a lo que acabamos de explicar para el ejemplo (a):

They're always going on about how much they like children. - Have they produced any yet?
Siempre están diciendo lo que les gustan los niños. - ¿Han tenido alguno ya?

y correspondiente al ejemplo (b):

The think-tank have been locked away for a week. - Have they produced anything yet?
El grupo de investigación se ha encerrado durante una semana. - ¿Han conseguido algo?

Some y **any** en función pronominal también pueden referirse a nombres incontables (en uno de los ejemplos anteriores **any** hace referencia a un nombre incontable [**children**], que debe aparecer en plural):

I've run out of coffee, have you got any?
Me he quedado sin café, ¿tienes tú?

Pero fíjese que **some** funciona como pronombre significando «las personas que» o «los que»:

There are some who will never learn.
Hay personas que nunca aprenderán.

5) **some(thing)/any(thing) + of + nombre:**

Some/any cuando van seguidos de **of** tienen un significado **cuantitativo**, mientras que **something/anything** cuando van seguidos de **of**, tienen un sentido **cualitativo**. Compare los siguientes ejemplos:

(a) **Give me some of that cheese.**
Dame algo de ese queso.

(b) **He hasn't got any of her qualities.**
No tiene ninguna de sus cualidades.

(c) **He hasn't got anything of her qualities.**
No tiene nada de sus cualidades.

(d) **There is something of the artist in her.**
En ella hay algo de artista.

En los ejemplos (a) y (b) **some/any** hacen referencia a «una parte de», mientras que (c) y (d) se refieren a una característica.

6) **some = algún/alguna**

Ya hemos visto anteriormente que **some** se utiliza en oraciones afirmativas con nombres en plural (**Would you like some biscuits?**) o con incontables (**He stayed here for some time.**) Cuando se sitúa delante de un nombre contable en **singular**, generalmente significa «algún/alguna»:

Some person (or other) must have taken it.
Alguna (u otra) persona debe de haberlo cogido.

He's got some fancy woman in London, it seems.
Parece ser que tiene alguna «amiguita» en Londres.

Come and see me some time.
Ven a verme alguna vez.

7) **some = «un-a ... malo/mala» o «un-a ... bueno-a/excelente»:**

En inglés coloquial a menudo se utiliza **some** con estos dos significados, generalmente podemos traducirlo como «¡menudo-a...!»:

Some husband you are! - Always in the pub with your mates.
¡Menudo marido estás hecho! - Siempre en el pub con tus amigos.

This really is some party!
¡Menuda fiesta! (Realmente es una fiesta estupenda)

8) Función adverbial de **some/any, something, anything**
Some precede a un nombre con el significado de «unos...», «alrededor de...»:

Some fifty people were present.
Alrededor de cincuenta personas se hallaban presentes.

con **more**:

Tell me some more.
Cuéntame algo más.

y en inglés americano:

We talked some.
Hablamos algo.

Any se utiliza como adverbio delante de los comparativos:

He isn't any less of a friend in spite of this.
No es menos amigo por esto.

I refuse to discuss this any further.
Me niego a discutir más sobre esto.

Something y **anything** también se utilizan como adverbios cuando preceden a like significando «alrededor de» o «un poco» (**something**) o «nada», «en absoluto» (**anything**):

It looks something like Picasso.
Tiene un algo de Picasso.

Something like fifty or sixty people were present.
Alrededor de cincuenta o sesenta personas se hallaban presentes.

It wasn't anything like I had imagined.
No era en absoluto como me lo había imaginado.

Por otro lado, el uso de **something** como adverbio de intensidad es coloquial o regional:

Ooh, that baby howls something terrible!
¡Ese bebé berrea de una forma terrible!

He fancies her something rotten.
¡Ella le gusta un montón!

b) *no* y *none*

1) **No** es adjetivo:

He has no house, no money, no friends.
No tiene ni casa, ni dinero, ni amigos.

excepto cuando su uso es adverbial, delante de los comparativos:

We paid no more than 2 pounds for it.
No pagamos más de dos libras por esto.

I want £2 for it, no more, no less.
Quiero dos libras por esto, ni más ni menos.

La diferencia entre **not** y **no** en este caso es que **not** es más preciso, mientras que **no** tiene un carácter más emocional. **No more than** puede sustituirse por **only** (sólo). Pero si el hablante dice:

I wish to pay not more than £2.
Espero no pagar más de dos libras.

lo que quiere decir es que el precio no debe pasar de dos libras.

2) **None** como pronombre:

Do you have any cigarettes? - No, I've none left.
¿Tienes cigarrillos? - No, no me queda ninguno.

I tried a lot but none (of them) fitted.
Me probé muchos, pero ninguno me estaba bien.

Observe que en el lenguaje hablado una oración como:

I have none.
No tengo ninguno.

puede parecer demasiado formal o indicar un uso especial (más enfático e incluso teatral). La construcción normal sería:

I haven't got any o **I don't have any**

En el lenguaje hablado **none of them/us/you** (ninguno de ellos/nosotros/vosotros, nadie) es más corriente que **none** (ninguno, nadie) cuando se habla de personas:

None of us knew where he had filed it.
Ninguno de nosotros sabía dónde lo había archivado.

I waited for them for hours, but none of them came.
Les esperé durante horas, pero no vino nadie.

Many have set out to climb this mountain, but none have ever returned.
Son muchos los que se han lanzado a escalar esta montaña, pero nadie ha vuelto.

Cuando queremos dar énfasis a la oración utilizaremos la construcción **not one**:

Not one (of them) was able to tell me the answer!
Ni uno sólo fue capaz de darme la respuesta.

3)   **None:** ¿singular o plural?

Por lógica, si tenemos en cuenta el sentido literal de **none** (es decir **no one**), tendrá que seguirle una forma verbal en singular, como:

None of them has been here before.
Ninguno había estado aquí antes.

No obstante, actualmente tanto en el inglés hablado como en el escrito las formas del plural son de uso corriente:

None of them have been here before.

4)   **None** como adverbio:

Se utiliza con esta función precediendo a **the** + comparativo (ver con el uso de **any** que vimos en el punto a-8)):

none the less (= nevertheless) sin embargo.

You can scratch a CD and they are none the worse for it.
Puedes arañar un *compact disc* y no le pasa nada.

He took the medicine but is feeling none the better.
Se tomó la medicina, pero no se siente nada mejor.

After his explanation we were all none the wiser.
Tras sus explicaciones nos quedamos como estábamos. (= no estuvimos más enterados)

c) *each* y *every*

1) **Each** puede ser tanto pronombre como adjetivo; **every** siempre es adjetivo. Los dos pueden referirse exclusivamente a nombres contables:

Each (of them) was given a candle.
A cada uno (de ellos) le dieron una vela.

Each (child) was given a candle.
Dieron una vela a cada uno (a cada niño).

Every child needs a good education.
Todos los niños necesitan recibir una buena educación.

La diferencia principal entre **each** y **every** reside en que **every** comprende a la totalidad (sin excepción), mientras que **each** individualiza. En los dos primeros ejemplos **each** implica «a cada uno de ellos, uno por uno». Esta es la razón por la que **each** generalmente hace referencia a una cantidad más pequeña que **every**, que es más general, como vimos en el último ejemplo.

Observe que a **every** le puede preceder una forma en genitivo (nombre o pronombre):

Wendy's every move was commented on.
Se comentaron todos los movimientos de Wendy.

Her every move was commented on.
Se comentó cada uno de sus movimientos.

Algunos ejemplos de su uso con nombres:

She goes to the dentist every three months.
Va al dentista cada tres meses.

Every other day there's something wrong.
Día sí, día no, falla algo.

The clock seems to stop every two days.
El reloj parece pararse cada dos días.

La diferencia entre **every other** y **every two** es que **every other** da cuenta de una relación anímica o emocional del hablante con el hecho, mientras que **every two** es más objetivo y preciso.

Observe también su empleo adverbial:

every now and then   every now and again   every so often

Todas estas locuciones significan «de vez en cuando».

Everybody/everyone y **everything** son pronombres, y siempre les sigue el verbo en singular; pero, al igual que a los otros indefinidos, a **everybody** le puede seguir **they, them(selves)** o **their** (ver **Los pronombres personales**, pág. 102).

d) *all*

1) **All** puede funcionar como pronombre y como adjetivo, además puede referirse a nombres contables e incontables. Observe que cuando se utiliza el artículo determinado o un pronombre personal en función de complemento se sitúa entre **all** y el nombre:

All coins are valuable to me.
Todas las monedas tienen valor para mí.

I want all the/those/their coins.
Quiero todas las/esas/sus monedas.

I want them all/all of them.
Las quiero todas.

All his energy was spent.   **I want it all/all of it.**
Gastó toda su energía.   Lo quiero todo.

2) **all** y **everything**:

Muchas veces **all** tiene el mismo significado que **everything**. **All** puede ser sujeto o complemento de una oración, pero esto sólo es común cuando le sigue una proposición de relativo. Observe que además de «todo», all puede significar «lo único».

I'll give you all you need.
Te daré todo lo que necesites.

All that was on the table was a single vase.
Lo único que había en la mesa era un simple jarrón.

Did you eat the ice-cream? - Not all (of it)
¿Te has comido el helado? - No todo.

They believed everything/all he said.
Se creyeron todo lo que dijo.

Did he say anything? - All that he said was 'do nothing'.
¿Dijo algo? - Lo único que dijo fue «no hagáis nada».

3) **all y whole:**

La diferencia principal entre **all** y el adjetivo **whole** reside en el hecho de que **whole** generalmente hace hincapié en que lo que se abarca es una totalidad. Además, **whole** se sitúa después del determinante.

Don't interrupt me all the time.
No me interrumpas todo el tiempo.

He sat there the whole time without moving.
Se sentó allí todo el tiempo sin moverse.

He ate all of the pie.   **He ate the whole of the pie.**
Se comió todo el pastel.   Se comió el pastel entero.

Pero **whole** sólo puede utilizarse con nombres contables:

the whole town (o **all the town**)
toda la ciudad

pero sólo:

all the butter (incontable)
toda la mantequilla

Observe que **whole** tiene un significado diferente a **all** cuando acompaña a nombres en plural; compare los siguientes ejemplos:

All the books were burnt.
Quemaron todos los libros. (Cada uno de ellos fue quemado)

Whole books were burnt.
Quemaron libros enteros. (Algunos fueron quemados en su totalidad).

4) **all** como adverbio:

El uso adverbial de **all** queda claro en los siguientes ejemplos, en los que **all** tiene como sinónimo **completely** (completamente):

He was all covered in mud.
Estaba completamente cubierto de barro.

Should we teach her a lesson? - I'm all in favour (of that).
¿No deberíamos darle una lección? - Estoy completamente de acuerdo (con eso).

It's all over, honey.
Ya se ha terminado del todo, cariño.

Veamos otros ejemplos en los que **all** funciona como adverbio:

I've told you all along not to eat the cat's food.
Siempre te estoy diciendo que no te tomes la comida del gato.

He was covered in mud all over.
Estaba cubierto de barro de pies a cabeza.

Delante de comparativos:

I've stopped smoking and feel all the better for it.
He dejado de fumar y me siento bastante mejor.

Your remark is all the more regrettable since the Principal was present.
Tu comentario es tanto más lamentable si tienes en cuenta que el Director estaba presente.

e) *other(s)* y *another*

1) **Another** antecede (como adjetivo), o sustituye (como pronombre), a un nombre contable singular. **Other** sólo puede ir seguido de un nombre en plural; el pronombre en este caso es **others**.

   I want another (hamburger).
   Quiero otra (hamburguesa).

   Other children get more money.
   A otros niños les dan más dinero.

   I like these colours - Don't you like the others?
   Me gustan estos colores. - ¿No te gustan los otros?

2) Si a un nombre le sigue **than**, **other** normalmente se colocará detrás, y no delante, de ese nombre:

   There are difficulties other than those mentioned by the government.
   Hay otras dificultades además de las que menciona el gobierno.

   En esta oración **other** podría haberse colocado también delante de **difficulties**, pero siempre detrás de **none**:

   Who should arrive? None other than Jimbo himself.
   ¿Y quién crees que llegó? Nada menos que Jimbo.

3) A veces se utiliza **no other** en lugar de **not another**:

   He always wears that coat; he has no other (coat).
   Siempre lleva ese abrigo; no tiene otro (abrigo).

4) Hay que tener en cuenta la construcción con **some** cuando
significa «algún/a» (ver el punto **a-**6) de este capítulo). A veces se
añade **or other** para recalcar el aspecto poco preciso de lo que se
habla:

Somebody or other must have betrayed her.
Alguien ha debido traicionarla.

We'll get there somehow or other. (uso adverbial)
Llegaremos allí de alguna forma.

He married some girl or other from the Bahamas.
Se casó con no sé qué chica de las Bahamas.

5) Con **one**:

One... another y **one... the other** generalmente tienen el mismo
significado:

One week after another went by
One week after the other went by
Las semanas pasaban una tras otra.

Pero si el hablante no se refiere a más de dos cosas se prefiere
one... the other:

The two brothers worked well together: one would sweep the
yard while the other chopped the wood.
Los dos hermanos trabajaban bien juntos: uno barría el patio
mientras que el otro cortaba la leña.

Aunque también podríamos utilizar **one... another** si a **another** le
precede una preposición:

They would sit there and repeat, one after another, every
single word of the lesson.
Acostumbraban a sentarse allí y repetir, una tras otra, cada una de
las palabras de la lección.

A veces encontramos la combinación **the one... the other**; esta
construcción podríamos haberla empleado en el ejemplo anterior
de los dos hermanos. En la locución que utiliza la palabra **hand**,
the one es obligatorio:

On the one hand you'd earn less, on the other your job
satisfaction would be greater.
Por un lado ganarías menos, por otro tu satisfacción en el trabajo
sería mayor.

f) *either* y *neither*

1) **Either** a menudo significa «cualquiera de los dos» cuando hablamos de dos cosas o personas (si hay más de dos utilizaremos **any**). Puede funcionar como adjetivo o como pronombre:

'Bike' or 'bicycle': either (word) will do.
«Bici» o «bicicleta», cualquiera de las dos (palabras) vale.

Either parent can look after the children.
Tanto el padre como la madre pueden cuidar de los hijos.

Either también puede significar «cada» o «los dos», y en este caso es un adjetivo:

He was sitting in a taxi with a girl at either side.
Estaba dentro de un taxi con una chica a cada lado.

2) **Neither** es la forma negativa de **either**:

He's in love with both Tracy and Cheryl, but neither of them fancies him.
Está enamorado de Tracy y Cheryl, pero él no les gusta a ninguna de las dos.

Neither kidney is functioning properly.
Ninguno de los dos riñones funciona correctamente.

3) **Either** y **neither** a veces toman un verbo en plural, cuando les sigue **of** y un nombre plural:

(N)either of the boys are likely to have done it.

Aunque en un lenguaje más cuidado se prefiera una forma verbal en singular:

Neither of the boys is likely to have done it.
Seguramente no lo ha hecho ninguno de los dos chicos.

Either of the boys is likely to have done it.
Seguramente lo ha hecho uno de los dos chicos.

4) **(N)either** como adverbio:

Sólo podemos utilizar **either** como adverbio en las oraciones negativas. Corresponde a **too** en las oraciones afirmativas:

I can't do it either.
Tampoco puedo hacerlo. (Compárelo con **I can do it too**).

Neither como adverbio (= **nor**) se utiliza en proposiciones <u>que sigan</u> a otra proposición negativa:

I can't swim and neither can she.
No sé nadar, y ella tampoco.

I can't swim. - Neither can I.
No sé nadar. - Yo tampoco.

o en un estilo coloquial:

I can't swim. - Me neither.
No sé nadar. - Yo tampoco.

Ver también **Las conjunciones**, pág. 244.

g) *both*

Both hace referencia a dos cosas o a dos personas, pero con el sentido de «uno y otro»; es decir, equivale al castellano «ambos» (aunque en castellano no se emplea tanto como en inglés, en especial en casos en que es obvio). Al igual que ocurría con **all**, **both** antecede al artículo o al pronombre personal (caso de que haya alguno). **Both** puede ser pronombre y adjetivo:

I like both (those/of those) jackets.
Me gustan las dos (estas dos) chaquetas.

We love both our parents.
Amamos a nuestros padres.

I love both (of them)/them both.
Quiero a los dos.

Both (the/of the) versions are correct.
Ambas versiones son correctas.

h) *one*

1) Este pronombre se utiliza para referirnos a «una sola cosa o persona» que haya sido mencionada con anterioridad:

Do you like dogs? I bet you haven't ever owned one.
¿Te gustan los perros? Seguro que nunca has tenido uno.

We've a lot of records of Elvis. - We have only one.
Tenemos muchos discos de Elvis. - Nosotros sólo tenemos uno.

His case is a sad one.
Su caso es triste.

This solution is one of considerable ingenuity.
Esta solución es de un ingenio considerable. (¡Cuidado! one en
este ejemplo se refiere a **solution**)

También puede emplearse en plural (**ones**):

I like silk blouses, especially black ones.
Me gustan las blusas de seda, especialmente las negras.

2) También tiene un uso restrictivo:

Which girl do you prefer? - The tall one.
¿Qué chica prefieres? - La alta.

I prefer the pen you gave me to the one my aunt gave me.
Prefiero el bolígrafo que me diste al que me dio mi tía.

These are the ones I meant.
Estas son a las que me refería.

These burgers are better than the ones you make.
Estas hamburguesas son mejores que las que tú haces.

3) **One(s)** se utiliza generalmente detrás de adjetivos que hacen
referencia a nombres contables:

I asked for a large whisky and he gave me a small one.
Pedí un güisqui largo y me dio uno corto.

Which shoes do you want? The grey ones?
¿Qué zapatos quieres?, ¿los grises?

Pero si utilizamos dos adjetivos para contrastar y se sitúan uno al
lado de otro a veces podemos dejar de utilizar **one(s)**:

I like all women, both (the) tall and (the) short.
Me gustan todas las mujeres, las altas y las bajas.

She stood by him in good times and bad.
Estuvo a su lado en los tiempos buenos y en los malos.

**Today I wish to talk about two kinds of climate, the
temperate and the tropical.**
Hoy quisiera hablarles sobre dos clases de clima: el templado y
el tropical.

Si no se ha hecho referencia a ningún nombre, el adjetivo funciona como tal, y **one(s)** no se emplea:

The survival of the fittest.
La supervivencia de los más capacitados.

Fortune favours the brave.
La suerte favorece a los valientes.

Es obvio que **one** no puede sustituir a nombres incontables:

Do you want white sugar or brown?
¿Quieres azúcar blanco o moreno?

4) **One** a veces se utiliza con el significado de «alguien», «una persona»:

She screamed her head off like one possessed.
Gritaba sin parar, como una posesa.

I'm not one for big parties.
Yo no soy persona de grandes fiestas.

I'm not one to complain.
No soy de los que se quejan.

5) Para el uso colectivo de **one** ver pág. 104.

13 LOS VERBOS

A DIFERENTES CLASES

Podemos distinguir tres clases de verbos: verbos regulares, irregulares y auxiliares.

1 VERBOS REGULARES

Estos verbos forman el pasado y el participio pasado añadiendo -e(d) a la forma base del verbo:

		pasado	*participio pasado*
seem	(parecer)	**seemed**	**seemed** /d/
kiss	(besar)	**kissed**	**kissed** /t/
plant	(plantar)	**planted**	**planted** /id/
manage	(lograr)	**managed**	**managed** /d/

Ver pág. 267 en lo referente a los cambios ortográficos.

2 VERBOS IRREGULARES

Los verbos irregulares se caracterizan por sus formas especiales de pasado y participio pasado, en las que a veces se produce un cambio de vocal:

(hablar)	**speak, spoke, spoken**
(ver)	**see, saw, seen**
(ir)	**go, went, gone**
(estropear)	**spoil, spoilt, spoilt**
(cortar)	**cut, cut, cut**

3 VERBOS AUXILIARES

Los verbos auxiliares modifican al verbo principal de la proposición. En **he can sing** (sabe cantar) el verbo auxiliar es **can** y el verbo principal es **sing**. Podemos distinguir dos grupos de verbos auxiliares; el primero lo forman **be** (ser, estar), **have** (haber, tener) y **do** (hacer), el segundo grupo suele recibir el nombre de auxiliares «modales» o «defectivos».

a) *be, have, do*

Ver también los puntos 9, 17 y 23.

La diferencia entre estos verbos y los del otro grupo es que en su función de auxiliares no tienen ningún significado, y que además pueden funcionar como un verbo no auxiliar:

He does not sing. (does = auxiliar, sing = verbo principal)
No canta.

He does everything I tell him to do. (does = verbo principal)
Hace todo lo que le digo.

b) Los **auxiliares modales** se caracterizan por algunas particularidades gramaticales, como ausencia de **-s** en 3ª persona del singular o falta de forma de infinitivo (por eso se les llama también **defectivos**) y que, al contrario que los otros, generalmente tienen un significado claro. Este grupo lo componen los siguientes verbos:

can - could	poder (capacidad)
may - might	poder (posibilidad, permiso)
shall - should	futuro - deber (moral), consejos
will - would	futuro - condicional - orden
must	deber (obligación)
ought to	deber (moral)

Cuando no les acompaña un verbo principal es porque se da por entendido:

Can you get some time off? - Yes, I can.
¿Puedes sacar un poco de tiempo? - Sí.

En la pág. 201, encontrará una explicación más detallada sobre el uso de los auxiliares.

B   FORMAS

1   EL INFINITIVO

Podemos distinguir entre el infinitivo con **to** (p.ej. **to be**) y el infinitivo sin **to**:

He can sing.	**He is trying to sing.**
Sabe cantar.	Está intentando cantar.

En estas dos oraciones **sing** es un infinitivo. Consulte la pág. 145 en lo referente al infinitivo compuesto y a la voz pasiva.

2   EL PARTICIPIO PRESENTE

Se forma añadiendo **-ing** a la base del verbo:

They were whispering.
Estaban susurrando.

*Nótese que en este ejemplo la forma equivale a un gerundio.

Ver la pág. 265, las **Reglas ortográficas**.

3   EL PARTICIPIO PASADO

El participio pasado de los verbos regulares es idéntico a la forma del pasado (forma base del verbo + **-ed**):

They have gone.
Se han ido.

Muchos verbos irregulares tienen formas diferentes para el participio pasado. Ver el punto **A2** de este mismo capítulo, así como la lista de verbos irregulares de la página 220.

4   EL GERUNDIO

El gerundio tiene la misma forma que el participio presente:

I don't like *picking* strawberries.
No me gusta coger fresas.

***Sailing* is a very popular sport in Greece.**
La vela es un deporte muy popular en Grecia.

5   EL PRESENTE

Se forma con la forma base; en la 3ª persona del singular hay que añadir **-(e)s** a la forma base (sobre los cambios ortográficos ver la pág. 265):

	singular		
1ª	I	sing	canto
2ª	you	sing	cantas
3ª	he/she/it	sings	canta
	plural		
1ª	we	sing	cantamos
2ª	you	sing	cantáis
3ª	they	sing	cantan

Los auxiliares modales no cambian en absoluto en la tercera persona del singular. Lo mismo ocurre con los verbos **dare** y **need** cuando se utilizan como auxiliares:

He may come.
Puede que venga.

How dare he come here!
¡Cómo se atreve a venir aquí!

Los auxiliares **be**, **have** y **do** tienen formas irregulares (consulte la lista de la pág. 227).

6   EL PASADO

El pasado de los verbos regulares es idéntico a su participio pasado (forma base del verbo + **-ed**):

They kicked the ball.
Dieron una patada al balón.

En lo referente a los verbos irregulares y los auxiliares ver los puntos **A2** y **3**, así como la lista de verbos irregulares y auxiliares que empieza en la pág. 220 y termina en la 227. La forma del pasado es la misma para todas las personas:

		regular (besar)	*irregular* (cantar)	*auxiliar* (poder)
	singular			
1ª	I	kissed	sang	could
2ª	you	kissed	sang	could
3ª	he/she/it	kissed	sang	could
	plural			
1ª	we	kissed	sang	could
2ª	you	kissed	sang	could
3ª	they	kissed	sang	could

7 TIEMPOS Y ASPECTOS

El infinitivo, el presente y el pasado pueden tener tres aspectos diferentes (simple, continuo y perfecto), dependiendo de la forma en que consideramos el acontecimiento en relación al tiempo.

En la lista que ofrecemos a continuación las traducciones de los ejemplos SÓLO deben ser tomadas COMO ORIENTACIÓN:

infinitivo	**(to) watch** mirar
infinitivo continuo	**(to) be watching** [**be** + participio presente] estar mirando
infinitivo compuesto	**(to) have watched** [**have** + participio pasado] haber mirado
infinitivo compuesto continuo	**(to) have been watching** haber estado mirando
presente simple	**I/you/he etc. watch(es)** miro/miras/mira...
pasado simple	**I watched** miré, miraba
presente continuo	**am/are/is watching** estoy/estás/está mirando
pasado continuo	**was/were watching** estaba/estabas... mirando
presente perfecto	**have/has watched** he/has... mirado
pasado perfecto	**had watched** había, hube/habías, hubiste... mirado
presente perfecto continuo	**have/has been watching** he/has... estado mirando
pasado perfecto continuo	**had been watching** había, hube/habías, hubiste... estado mirando

Para el uso de las formas del futuro ver la pág. 178.

8 MODOS

El modo informa sobre la actitud de una persona respecto al hecho del que habla. Existen tres modos:

-El **indicativo**, que hace referencia a hechos reales,

-el **subjuntivo**, para expresar deseos, incertidumbre, posibilidad, etc.

-el **imperativo**, para expresar órdenes y sugerencias.

La única diferencia morfológica entre el indicativo y el subjuntivo reside en la ausencia de la terminación -(e)s de 3ª persona del singular en el modo subjuntivo:

God save the Queen!   ¡Dios salve a la reina!

El subjuntivo de **to be** es **be** en todas las personas del presente y **were** en todas las personas del pasado:

Be they for or against, they all have to pay.
Estén a favor o en contra, todos tienen que pagar.

If I were you, I'd leave him.
Si fuera tú, le dejaría.

Para el modo imperativo basta utilizar la forma base del verbo:

Ring the bell!   **Somebody go and get it!**
¡Llama al timbre!   Que alguien vaya y lo coja.

9 VOCES

Las dos «voces» son la activa y la pasiva. Su función es indicar si el sujeto de un verbo es el que hace la acción:

We always listen to him.
Siempre le escuchamos.

o si es el sujeto el que recibe la acción:

He was always listened to.
Siempre le han escuchado.

* Nótese en la traducción de los ejemplos que la voz pasiva no es de uso tan frecuente en castellano como en inglés.

La voz pasiva se forma con el verbo **be** seguido del participio pasado:

infinitivo	**(to) be watched** (ser observado)
infinitivo compuesto	**(to) have been watched** haber sido observado
presente simple	**am/are/is watched** es/eres... observado
pasado simple	**was/were watched** era, fui/eras, fuiste... observado
presente continuo	**am/are/is being watched** estoy/estás... siendo observado
pasado continuo	**was/were being watched** estaba/estuve... siendo observado
presente perfecto	**have/has been watched** he/has/ha... sido observado
pasado perfecto	**had been watched** había, hube/habías, hubiste... sido observado
presente perfecto continuo	**have/has been being watched** he/has... estado siendo observado
pasado perfecto continuo	**had been being watched** había, hube/habías, hubiste estado siendo observado

La forma en voz pasiva del infinitivo continuo (p.ej. **to be being driven**) es muy poco habitual en inglés (aunque perfectamente posible):

I wouldn't like to be being filmed looking like this.
No me gustaría estar siendo filmado con este aspecto.

Lo mismo ocurre con el presente perfecto continuo en voz pasiva:

He may have been being operated on by them.
Puede que ellos le hubieran estado operando

C USOS

1 EL INFINITIVO

a) *Sin to*

1) Se emplea detrás de los auxiliares modales y de **do**:

I must go.   Tengo que irme.
Don't go.   No (te) vayas.

2) Detrás de **dare** y **need** cuando se emplean como auxiliares:

How dare you talk to me like that!
¡Cómo te atreves a hablarme de esa manera!

You needn't talk to me like that.
No necesitas hablarme de esa manera.

3) Detrás de **had better** y **had best** (también **would best** en inglés americano):

You had better apologize.
Harías bien en disculparte.

You had (you'd) best ask the porter.
Sería mejor que preguntaras al mozo.

4) Con la construcción denominada «acusativo + infinitivo» (nombre/pronombre + infinitivo en función de complemento directo). Ver el punto **b-2**.

* Después de **let** (dejar), **make** (hacer) y **have** (con uso causal, ver págs. 199-200):

We let him smoke.   **I made him turn round.**
Le dejamos fumar.   Le hice darse la vuelta.

We had him say a few words.
Le hicimos que dijera unas cuantas palabras.

* Tras los siguientes verbos de percepción:

feel (sentir), **hear** (oír), **see** (ver), **watch** (mirar)
como en los siguientes ejemplos:

I felt the woman touch my back.
Sentí que la mujer me tocaba la espalda.

We heard her tell the porter.
La oímos decírselo al mozo.

They saw him die.
Le vieron morir.

We watched the train approach the platform.
Miramos cómo se aproximaba el tren al andén.

En lo referente a **feel** con el significado de «pensar» ver el punto **b-2**.

A estos verbos también les sigue el participio presente cuando lo que se pretende es dar especial énfasis a la duración de la acción:

I felt her creeping up behind me.
Sentí que se acercaba sigilosamente por detrás.

We heard her crying bitterly in the next room.
La oímos llorar amargamente en la habitación de al lado.

She saw smoke coming from the house.
Vio que salía humo de la casa.

They watched him slowly dying.
Le vieron morir lentamente.

* con el verbo **help** pueden emplearse las dos formas del infinitivo:

We helped him (to) move house.
Le ayudamos a mudarse de casa.

El infinitivo sin **to** se prefiere en especial en el lenguaje publicitario:

Our soap helps keep your skin supple and healthy looking.
Nuestro jabón le ayuda a mantener su piel sana y tersa.

En el punto **b-2** encontrará más información sobre el uso de construcciones pasivas con estos verbos.

5) Detrás de **why (not)** (¿por qué (no)?):

Why stay indoors in this lovely weather?
¿Por qué encerrarnos con este tiempo tan estupendo?

Why not try our cream cakes?
¿Por qué no probar nuestros pasteles de crema?

b) *Con to*

1) El infinitivo con **to** se puede emplear como sujeto, atributo o complemento directo de una oración. En el ejemplo siguiente se dan los tres usos (en el mismo orden):

To die is to cease to exist.
Morir es dejar de existir.

2) Como complemento directo; compare con el punto **a-4**:

* Después de verbos que expresan deseo o antipatía, en particular con **want** (querer), **wish** (desear), **like** (gustarle a uno algo), **prefer** (preferir), **hate** (odiar, no gustarle a uno algo):

I want/wish you to remember this.
Quiero/deseo que recuerdes esto.

John would like you to leave.
A John le gustaría que te fueses.

We prefer your cousin to stay here.
Preferimos que tu primo se quede aquí.

We would hate our cat to suffer.
No nos gustaría nada que nuestro gato sufriese.

* En un lenguaje bastante cuidado con verbos que expresan puntos de vista, creencias, juicios, suposiciones o afirmaciones:

We believe this to be a mistake.
Creemos que esto es un error.

We supposed him to be dead.
Suponíamos que estaba muerto.

We considered/judged it to be of little use.
Lo consideramos/juzgamos de poca utilidad.

I felt/knew it to be true.
Pensaba/sabía que era cierto.

These accusations he maintained to be false.
Mantenía que esas acusaciones eran falsas.

* En un lenguaje menos cuidado se preferiría una proposición introducida por **that**:

We believe (that) this is a mistake.
Creemos que es un error.

I know (that) it is true.
Sé que es verdad.

He maintained that these accusations were false.
Mantenía que estas acusaciones eran falsas.

* En la construcción pasiva correspondiente se mantiene el
infinitivo con **to**:

This was believed to be a mistake.
Se creía que era un error.

* Tenga en cuenta la expresión **be said to**, para la que no existe
equivalente en voz activa:

It is said to be true.   **He's said to be rich.**
Se dice que es verdad.   Se dice que es rico.

* La forma **to** + infinitivo también debe emplearse en las
construcciones pasivas de los verbos mencionados en el punto
a-4):

She was made to do it.
Le hicieron hacerlo.

He was seen to remove both jacket and tie.
Le vieron quitarse la chaqueta y la corbata.

3) Después de nombres, pronombres y adjetivos:

She has always had a tendency to become hysterical.
Siempre ha tenido una tendencia a la histeria.

We shall remember this in days to come.
Lo recordaremos en días venideros.

There are things to be done.
Hay cosas que hacer.

There is that to take into consideration.
Hay que tomar eso en cuenta.

Pleased to meet you!   **We were afraid to ask.**
¡Encantado de conocerle!   Nos daba miedo preguntar.

This game is easy to understand.
Este juego es fácil de entender.

Construcciones de este tipo son particularmente corrientes siguiendo a superlativos y después de **only**:

This is the latest book to appear on the subject.
Es el libro de más reciente aparición sobre este tema.

She's the only person to have got near him.
Es la única persona que ha tenido contacto próximo con él.

4)   Cuando equivale a una proposición subordinada:

*   Para expresar un propósito o una consecuencia (a veces acompañados de **in order to** o **so as** (propósito) u **only** (consecuencia) para explicitar el sentido):

He left early (in order/so as) to get a good seat for the performance.
Se fue pronto para (a fin de) conseguir un buen sitio en el espectáculo.

They arrived (only) to find an empty house.
Llegaron para encontrarse con una casa vacía.

Try to be there.
Intenta estar allí.

Observe que en el inglés hablado **to** puede substituirse por **and** cuando sigue al verbo **try**:

Try and be there.

*   En las proposiciones interrogativas indirectas:

Tell me what to do.   **I didn't know where to look.**
Dime qué hacer.   No sabía a dónde mirar.

We didn't know who to ask.
No sabíamos a quién preguntar.

We weren't sure whether to tell him or not.
No estábamos seguros si (debíamos) decírselo o no.

*   Para expresar una circunstancia momentánea:

I shudder to think of it.
Me dan escalofríos (sólo) de pensarlo.

To hear him speak, one would think he hates women.
Al oírle hablar se pensaría que odia a las mujeres.

5) Cuando equivale a una proposición principal en exclamaciones de sorpresa:

To think she married him!
¡Y pensar que se casó con él!

6) En oraciones elípticas que expresan acontecimientos que ocurrirán. Se dan principalmente en el lenguaje periodístico:

MAGGIE TO MAKE GREEN SPEECH
Maggie hará un discurso en favor de la protección del medioambiente.

GORBACHEV TO VISIT DISASTER ZONE
Gorbachov visitará la zona del desastre.

7) También podemos encontrarnos con lo que la gramática inglesa llama **split infinitive** (un infinitivo separado del to por un adverbio). Esta estructura se ha generalizado, aunque tiene muchos detractores, para los que separar **to** de un infinitivo es incorrecto:

Nobody will ever be able to fully comprehend his philosophy.
Nunca será nadie capaz de comprender completamente su filosofía.

Sin embargo sería la posición en que instintivamente la mayoría de los hablantes situarían el adverbio:

The way out of this is to really try and persuade him.
La salida de todo esto es intentar de verdad convencerle.

Aquí **really** equivale a «con ahínco» y modifica al verbo (**try**). Mientras que en la oración siguiente **really** significa «realmente» y modifica a toda la oración:

The way out of this is really to try and persuade him.
La salida de todo esto realmente es intentar convencerle.

8) A menudo se emplea **to** sin que le siga la forma base del verbo, esto es así cuando se prefiere no repetir el infinitivo entero:

Why haven't you tidied your room? I told you to.
¿Por qué no has ordenado tu habitación? Te dije que lo hicieras.

I did it because she encouraged me to.
Lo hice porque ella me animó.

9) **For + (pro)nombre e infinitivo con to:**

There has always been a tendency for our language to absorb foreign words.
Siempre ha habido una tendencia en nuestra lengua a asimilar palabras extranjeras.

He waited for her to finish.
Esperó a que ella hubiera terminado.

El modismo que sigue a menudo expresa una condición o un propósito:

For the university to function properly, more money is needed.
Para que la universidad funcione correctamente, se necesita más dinero.

o también puede que exprese una circunstancia (incluso ser el sujeto de la proposición):

For me to say nothing would be admitting defeat.
Si yo no dijera nada sería como admitir mi derrota.

For a man to get custody of his children used to be difficult.
Que un hombre obtuviera la custodia de sus hijos era difícil.

2   EL GERUNDIO

El gerundio (o verbo sustantivado) posee características propias de los nombres y de los verbos, al igual que el infinitivo en castellano.

a) *Características nominales*

1) Un gerundio puede funcionar como sujeto, predicado o complemento directo:

Skating is difficult. (sujeto)
Patinar sobre hielo es difícil.

That's cheating. (predicado)
Eso es trampa.

I hate fishing. (complemento)
Odio pescar.

Como ya vimos, estas funciones son también propias del infinitivo. En lo que respecta a diferencias de uso ver el punto 4.

2) Puede seguir a una preposición:

He's thought of leaving.
Ha pensado marcharse.

El infinitivo no podría hacerlo.

3) Puede ser modificado por un artículo, un adjetivo o un posesivo, o por una proposición que comience con of:

He has always recommended the reading of good literature.
Siempre ha recomendado la lectura de libros de calidad.

Careless writing leaves a bad impression.
Una caligrafía descuidada produce mala impresión.

The soprano's singing left us unmoved.
El canto de la soprano nos dejó impasibles.

There was no end to his trying to be difficult.
Sus intentos de crear problemas no tenían fin.

The timing of his remarks was unfortunate.
Siempre elegía mal el momento para hacer sus comentarios.

b) *Características verbales*

1) A un gerundio le puede seguir un complemento directo o un atributo:

Hitting the dog was unavoidable.
Fue inevitable dar al perro.

Becoming an expert took him more than twenty years.
Le llevó más de veinte años hacerse un experto.

2) Puede ser modificado por un adverbio:

She was afraid of totally disillusioning him.
Le daba miedo desilusionarle por completo.

3) Puede tener un sujeto:

The idea of John going to see her is absurd.
Resulta absurda la idea de John yendo a verla.

3   EL GERUNDIO Y LOS ADJETIVOS POSESIVOS

A veces hay cierta inseguridad sobre si se debe utilizar o no un adjetivo posesivo:

> **Do you remember him/his trying to persuade her?**
> ¿Recuerdas que intentó persuadirla?

Las dos formas son correctas, pero eso no significa que nunca haya diferencias de uso entre los dos. Conviene tener en cuenta los puntos siguientes:

a) *El gerundio en función de sujeto o atributo*

En este caso lo normal es el uso del posesivo:

> **Your trying to persuade me will get you nowhere.**
> Tus intentos de persuadirme no te llevarán a ninguna parte.

> **It was John's insisting we went there that saved the situation.**
> Fue la insistencia de John para que fuéramos lo que salvó la situación.

b) *El gerundio en función de complemento o siguiendo a una preposición*

En este caso tanto el complemento como el posesivo serían correctos:

> **They spoke at length about him/his being elected president.**
> Hablaron largo y tendido sobre su elección como presidente.

> **You don't mind me/my turning up so late, do you?**
> No te molesta que me presente tan tarde, ¿verdad?

> **They spoke at great length about Richard/Richard's being elected president.**
> Hablaron largo y tendido sobre la elección de Richard como presidente.

Pero hay casos en el que el empleo de un posesivo resultaría poco adecuado en el lenguaje hablado o coloquial:

> **They laughed their heads off at him falling into the river.**
> Se partieron de risa de que cayera al río.

El uso de **his** en este ejemplo resultaría demasiado cuidado.

En estas construcciones el gerundio no debe confundirse con el participio presente. La oración:

> **I hate people trying to get in without paying.**

es ambigua. Si *trying* es gerundio el sentido de la oración es: **I hate the fact that (some) people try to get in without paying** (no me gusta nada que la gente intente entrar sin pagar). Si el participio es presente el sentido sería: **I hate people who try to get in without paying** (no me gusta nada la gente que intenta entrar sin pagar).

Pero en una oración como la siguiente está claro que la forma **-ing** es un gerundio:

> **I hate their trying to get in without paying.**
> No me gusta nada que intenten entrar sin pagar.

La tendencia a utilizar el posesivo delante del gerundio es mayor en inglés americano que en inglés británico.

c) *Para dar mayor énfasis*

Si queremos recalcar especialmente el sujeto del gerundio, tenderá más a utilizarse un (pro)nombre complemento:

> **To think of HER marrying John!**
> ¡Imagínate, ELLA casándose con John!

4 COMPARACIÓN ENTRE EL GERUNDIO Y EL INFINITIVO

a) *Casos en los que no hay ninguna diferencia*

Hemos visto que tanto el infinitivo como el gerundio tienen características nominales, ya que pueden funcionar como sujeto, complemento o atributo. A menudo no hay ninguna diferencia, o muy poca, entre utilizar una u otra:

> **We can't bear seeing you like this.**
> **We can't bear to see you like this.**
> No podemos soportar verte así.

aunque en frases hechas ya se ha establecido el uso de uno de los dos, como en los ejemplos siguientes:

Seeing is believing.	**To err is human, to forgive divine.**
Ver para creer.	Errar es humano, perdonar es divino.

b) *Sentidos diferentes*

1) Para contrastar lo general con lo particular: el gerundio indica normalmente un hecho general, el infinitivo un hecho más concreto:

I hate refusing offers like that. (general)
Detesto tener que rechazar ofertas como esa.

I hate to refuse an offer like that. (particular)
Detesto tener que rechazar una oferta como esa.

Pero hay excepciones:

I prefer being called by my Christian name.
I prefer to be called by my Christian name.
Prefiero que me llamen por mi nombre de pila.

En inglés americano a menudo se utiliza el infinitivo en casos en que en inglés británico se utilizaría el gerundio:

I like cooking. (inglés británico)
I like to cook. (inglés americano)
Me gusta cocinar.

Estos dos ejemplos hacen referencia a una afición en general. Si quisiéramos hacer referencia a una ocasión particular en ambas variedades del idioma se diría:

I'd like to cook something for you.
Me gustaría cocinarte algo.

2) Si el verbo *try* significa «intentar» puede emplearse tanto el gerundio como el infinitivo, con un ligero cambio de sentido:

I once tried to make a film, but I couldn't.
Una vez intenté hacer una película, pero no pude.

Try to speak more slowly.
Intenta hablar más despacio.

pero:

I once tried making a film, but I couldn't.
Una vez lo intenté haciendo una película, pero no pude.

Try speaking more slowly.
Inténtalo hablando más despacio.

En las oraciones con gerundio lo que se intenta es otra cosa (p.ej. hacerse famoso, o ser comprendido) y el gerundio expresa el modo de conseguirlo.

3) Después de **forget** (olvidar) y **remember** (recordar), el infinitivo hace referencia al futuro, el gerundio al pasado:

I won't forget to dance with her. (en el futuro)
No me olvidaré de bailar con ella.

I won't forget dancing with her. (en el pasado)
Nunca olvidaré que bailé con ella.

Will she remember to meet me? (en el futuro)
¿Se acordará de que hemos quedado?

Will she remember meeting me? (en el pasado)
¿Se acordará de que me conoció?

c) *Casos en que sólo se puede utilizar el gerundio o el infinitivo*

1) Sólo el infinitivo:

A algunos verbos no puede seguirles más que el infinitivo; por ejemplo **want** (querer), **wish** (desear), **hope** (esperar), **deserve** (merecer):

I want/wish to leave.
Quiero/deseo marcharme.

We hope to be back by five.
Esperamos estar de vuelta antes de las cinco.

He deserves to be punished.
Merece ser castigado.

2) Sólo el gerundio:

A otros verbos no les puede seguir más que el gerundio; por ejemplo **avoid** (evitar), **consider** (considerar), **dislike** (no gustarle a uno algo), **enjoy** (disfrutar), **finish** (terminar), **keep** (mantener), **practise** (practicar, hacer), **risk** (arriesgar):

He avoided answering my questions.
Evitaba responder a mis preguntas.

Won't you consider travelling by air?
¿No vas a considerar la posibilidad de viajar en avión?

I dislike dressing up for the theatre.
No me gusta ponerme elegante para ir al teatro.

We enjoy having friends round to dinner.
Disfrutamos invitando a los amigos a cenar.

She finished typing her letter.
Terminó de mecanografiar su carta.

Why do you keep reminding me?
¿Por qué sigues recordándomelo?

Would you mind stepping this way?
¿Le importaría venir por aquí?

You must practise playing the piano more often.
Tienes que practicar con el piano más a menudo.

I don't want to risk upsetting Jennifer.
No quiero arriesgarme a disgustar a Jennifer.

3) En los ejemplos que hemos visto en las dos secciones anteriores tanto el infinitivo como el gerundio son complementos directos de los verbos que les preceden. Lo mismo ocurre con el gerundio en la oración siguiente:

I stopped looking at her.
Dejé de mirarla.

Pero en la siguiente oración el infinitivo no es complemento directo:

I stopped to look at her.
Me paré para mirarla.

Aquí el infinitivo funciona como complemento circunstancial de finalidad, lo que da cuenta de una importante diferencia de sentido entre las dos oraciones. La diferencia es similar en los siguientes ejemplos:

He was too busy talking to her.
Estaba demasiado ocupado hablando con ella.

y:

He was too busy to talk to her.
Estaba demasiado ocupado para hablar con ella.

Conviene indicar que a los adjetivos **worth** y **like** no puede seguirles más que un gerundio:

That suggestion is worth considering.
Merece la pena tener en cuenta esa propuesta.

That's just like wishing for the moon.
Es como pedir la luna.

4) También es importante distinguir las dos funciones que puede tener to: marca de infinitivo o preposición. A las preposiciones debe seguirles el gerundio:

I'm tired of watching television.
Estoy cansado de ver la televisión.

What do you think about getting a loan?
¿Qué te parece si pedimos un préstamo?

Esta regla también se aplica a la preposición **to**:

They are committed to implementing the plan.
Están entregados a la realización del plan.

We're looking forward to receiving your letter.
Esperamos con impaciencia su carta.

I object to raising money for that purpose.
Me niego a recaudar fondos para ese fin.

We're not used to getting up at this hour.
No estamos acostumbrados a levantarnos a esta hora.

Be accustomed to a veces se utiliza con el infinitivo, aunque también se emplea con el gerundio:

They've never been accustomed to pay(ing) for anything.
Nunca han tenido costumbre de pagar nada.

5 EL PARTICIPIO PRESENTE

El participio presente normalmente funciona como verbo o como adjetivo.

a) *Como verbo*

1) El participio presente se utiliza con el verbo **be** para formar los tiempos continuos:

He is/was/has been/had been running.
Está/estaba,estuvo/ha estado/había estado corriendo.

2) El participio presente a menudo funciona como proposición de relativo sin pronombre relativo:

They went up to the people coming from the theatre. («who were coming»)
Se acercaron a la gente que salía del teatro.

3) No obstante, el participio presente puede compartir sujeto con el verbo en presente o pasado. En el lenguaje escrito, cuando se trata de mostrar esta «unión» del participio al sujeto, a veces es necesario emplear una coma, que en el lenguaje hablado se traduce en un ligero cambio de entonación:

She turns/turned towards the man, looking shy and afraid.
Se volvió hacia el hombre, tímida y asustada.

Aquí el sujeto de **looking** es **she**, pero si omitiéramos la coma pensaríamos que el sujeto sería **the man**, y la oración representaría una estructura ya tratada en el punto 2.

Este participio presente puede preceder a su sujeto:

Looking shy and afraid, she turned towards the man.
Tímida y asustada, se volvió hacia el hombre.

Este participio a menudo expresa una causa, una condición o un momento, y equivale a una proposición subordinada:

Living alone, she often feels uneasy at night. (Por vivir /como vive sola, ...)
Por vivir sola, a veces se siente incómoda por las noches.

You'd get more out of life, living alone. (= ... if you lived alone)
Le sacarías más partido a la vida viviendo sola.

Driving along, I suddenly passed a field of tulips. (= as/while I was driving along...)
Conduciendo, de pronto pasé por un campo de tulipanes.

Pero a veces también equivale a una proposición independiente:

She went up to him, asking for his advice. (=... and (she) asked for his advice)
Se acercó a él y le pidió consejo.

Living in the Scottish Highlands, he is a sensitive musician who helped organize the Bath Orchestra. (=... he lives in the Highlands and (he) is...)
Vive en las tierras altas escocesas y es un músico sensible que ayudó a organizar la orquesta de Bath.

4) Hay veces que el participio presente tiene un sujeto diferente al del verbo (en presente o en pasado) de la proposición principal:

Coming down the staircase carrying an umbrella, one of the mice tripped him up.
Bajando la escalera con un paraguas, uno de los ratones le hizo tropezar.

Es bastante poco probable que el sujeto de **coming** sea **one of the mice**. Esta construcción debe evitarse, pues a menudo puede producir divertidas confusiones. No obstante, si se sobreentiende un sujeto indeterminado, como el **we** indefinido o el «se» castellano esta construcción es aceptable:

Generally speaking, British cooking leaves a good deal to be desired.
En general, la cocina británica deja mucho que desear.

Judging by the way she dresses...
A juzgar por la forma en que viste...

The work will have to be postponed, seeing that only two of us have tools.
En vista de que sólo dos tenemos herramientas tendremos que posponer el trabajo.

5) En otras circunstancias, para evitar la construcción que acabamos de ver, el sujeto del participio (diferente al sujeto del otro verbo) puede anteponérsele, es lo que se llama «construcción absoluta»:

The lift being out of order, we had to use the stairs.
Como el ascensor no funcionaba, tuvimos que subir las escaleras.

She being the hostess, any kind of criticism was out of the question.
Siendo ella la anfitriona, cualquier tipo de crítica era totalmente incuestionable.

We'll do it on Sunday, weather permitting.
Lo haremos el domingo, si el tiempo lo permite.

God willing, we can do it.
Si Dios quiere, podemos hacerlo.

b) *Como adjetivo*

> **She has always been a loving child.**
> Siempre ha sido una niña cariñosa.

> **Her appearance is striking.**
> Su aspecto es chocante

> **She finds Henry very charming.**
> Ella encuentra a Henry realmente encantador.

De esta función adjetiva se ha desarrollado una función adverbial:

> **He is strikingly handsome.**
> Es impresionantemente guapo.

Observe que esta estructura es mucho más corriente en inglés que en castellano:

> **the falling birthrate**
> la tasa de natalidad descendiente

pero:

> **a self-adjusting mechanism**   **increasing sales**
> un mecanismo de autorregulación   ventas en alza

6 COMPARACIÓN ENTRE EL PARTICIPIO PRESENTE Y EL GERUNDIO

a) *La oración siguiente*

> **I can't get used to that man avoiding my eyes all the time.**

es ambigua, pues **avoiding** puede ser interpretado como una forma de gerundio o de participio presente.

Si es un gerundio la oración equivale a **I can't get used to the fact that that man is avoiding my eyes** (no puedo acostumbrarme a que ese hombre rehuya mi mirada).

Pero si es un participio presente querrá decir **I can't get used to that man who is avoiding my eyes** (no puedo acostumbrarme a ese hombre que rehuye mi mirada).

En la siguiente oración no hay la menor duda de que la forma -ing es un gerundio:

Children suffering like that is on our conscience. (= the suffering of children)
(El) que los niños sufran así pesa sobre nuestra conciencia.

y no cabe ninguna duda tampoco de que en el siguiente ejemplo se trata de un participio presente:

Children suffering like that are on our conscience. (= children who suffer)
Los niños que sufren así pesan sobre nuestra conciencia.

b) Cuando el gerundio modifica a un nombre el acento recae sobre el primero, no sobre el nombre:

    a living room   el cuarto de estar

pero cuando el determinante es un participio presente, se acentúa tanto éste como el nombre:

    a living animal   un animal viviente

7   EL PARTICIPIO PASADO

Muchos de los usos que veremos a continuación pueden compararse con los del participio presente. Ver el punto **5**.

a) *Como verbo*

  1) El participio pasado se utiliza con **have** para formar el presente perfecto y el pasado perfecto:

    He has/had arrived.
    Ha/había llegado.

    con **be** para formar la voz pasiva:

    She is/was admired.
    Es/era admirada.

    y con los dos auxiliares para formar la pasiva del presente perfecto y del pasado perfecto:

    She has/had been admired.
    Ha/había sido admirada.

2) El participio pasado se utiliza con frecuencia para formar una proposición de relativo elíptica:

They ignore the concerts given by the local orchestra. (= which are given)
Pasan por alto los conciertos dados por la orquesta local.

They ignored the concerts given by the local orchestra. (= which were/had been given)
Pasaron por alto los conciertos dados por la orquesta local.

También puede cumplir la función de una proposición subordinada de causa, condición o tiempo. A veces una conjunción (en especial *if* y *when*) puede aclarar su sentido:

Watched over by her family, Monica felt safe but unhappy.
Vigilada por su familia, Monica se sentía segura, pero desgraciada.

(If) treated with care, records should last for years and years.
Si se tratan con cuidado, los discos deberían durar años.

Records should last for years and years if treated with care.
Los discos deberían durar años si se tratan con cuidado.

(When) asked why this was so, he refused to answer.
Cuando se le preguntó por qué la cosa estaba así, se negó a responder.

He refused to answer when asked why this was so.
Se negó a responder cuando se le preguntó por qué la cosa estaba así.

O puede funcionar como proposición principal:

Born in Aberdeen, he now lives in Perth.
Nacido en Aberdeen, actualmente vive en Perth.

3) A veces la oración puede resultar torpe e inaceptable cuando el participio pasado no puede asociarse al sujeto:

Told to cancel the meeting, his project was never discussed.

Sería mucho mejor expresar esta idea de la siguiente manera:

His project was never discussed as he was told to cancel the meeting.
Nunca se discutió su proyecto, pues le dijeron que cancelase la reunión.

4) La «construcción absoluta»; ver pág. 161:

The problems solved, they went their separate ways.
Una vez resueltos los problemas, se separaron sus caminos.

That done, he left.
Una vez hecho esto, se fue.

b) *Como adjetivo*

I am very tired.
Estoy muy cansado.

The defeated army retreated.
El ejército derrotado se retiró.

Observe que en el primer ejemplo el adverbio es **very**, ya que antecede a un adjetivo. Si el adverbio fuera **much** se haría hincapié en el carácter verbal del participio pasado:

I am much obliged.
Le quedo muy agradecido.

Cuando **aged** (anciano), **beloved** (amado), **blessed** (bendito), **cursed** (maldito) y **learned** (erudito) son adjetivos se pronuncia normalmente la terminación **-ed** /ɪd/. Pero cuando son verbos se mantiene la pronunciación regular en /d/ o /t/:

He has aged.
Ha envejecido.

an aged man /ɪd/
un hombre anciano

8 ORACIONES INTERROGATIVAS

a) *Oraciones completas*

1) En las oraciones interrogativas se utiliza el auxiliar **do**, a no ser que (a) en la oración haya un auxiliar (**have, will** etc.), en cuyo caso el auxiliar precede al sujeto o que (b) el sujeto sea un pronombre interrogativo. **Do** puede aparecer en presente o en pasado, el verbo conjugado en infinitivo:

Do you come here often?
¿Vienes aquí con frecuencia?

How do we get to Oxford Street from here?
¿Cómo se va desde aquí a Oxford Street?

Did you see that girl?
¿Has visto a esa chica?

What did you say?
¿Qué dijiste?

pero (cuando se utilizan otros auxiliares):

Are they trying to speak to us?
¿Intentan hablar con nosotros?

Where are you taking me?   **Can you come at eight?**
¿A dónde me llevas?   ¿Puedes venir a las ocho?

Have they seen us?   **Will you help?**
¿Nos han visto?   ¿Nos/me ayudas?

Y cuando tenemos un pronombre interrogativo en función de sujeto:

Who said that?   **What happened?**
¿Quién dijo eso?   ¿Qué pasó?

What have they said to you?
¿Qué te han dicho?

What shall we write about?
¿De qué vamos a escribir?

Sobre los verbos **dare** y **need** consúltese la pág. 213, y sobre **have** la pág. 195.

2) En el lenguaje hablado, en el que una oración afirmativa y una interrogativa también se distinguen por la entonación, se puede hacer una oración interrogativa manteniendo los elementos en el orden de la oración afirmativa (aunque este uso está lejos de utilizarse con la misma frecuencia con que se hace en castellano):

You just left him standing there?
¿Y le dejaste allí plantado?

You're coming tonight?
¿Vienes esta noche?

En las oraciones interrogativas indirectas normalmente se mantiene el orden de los elementos de la oración afirmativa:

When are you leaving? (estilo directo)
¿Cuándo te vas?

y

He asked her when she was leaving. (estilo indirecto)
Le preguntó cuándo se iba.

b) *Las question-tags*

Son pequeños añadidos que se hacen a proposiciones afirmativas o negativas, y cuyo propósito es obtener una confirmación. Equivalen en castellano a «¿verdad?», «¿no?», «¿eh?».

1) A una proposición afirmativa le sigue una *«question-tag»* negativa y viceversa:

You can see it, can't you?   **You can't see it, can you?**
Lo ves, ¿verdad?   No lo ves, ¿verdad?

a no ser que la utilicemos más que como una interrogación como una forma de recalcar. En estos casos a una oración afirmativa le sigue una *«question-tag»* afirmativa:

So you've seen a ghost, have you? (incredulidad, ironía)
Así que has visto un fantasma.

You think that's fair, do you? (enfado)
Y eso te parece justo, ¿verdad?

You've bought a new car, have you? (sorpresa, interés)
¿Con que te has comprado un coche nuevo?

Observe que la *«question-tag»* repite el tiempo empleado en la proposición principal:

You want to meet him, don't you?
¿Quieres conocerle, verdad?

You wanted to meet him, didn't you?
¿Querías conocerle, verdad?

You'll want to meet him, won't you?
¿Querrás conocerle, verdad?

2) Si la proposición a la que se refiere la *«question-tag»* tiene un auxiliar, es éste el que hay que utilizar, y no *do*:

You have seen it before, haven't you?
¿Ya lo has visto antes, verdad?

They aren't sold yet, are they?
Todavía no se han vendido, ¿verdad?

You will help me, won't you?
¿Me ayudarás, verdad?

You shouldn't say that, should you?
¿No deberías decir eso, verdad?

Si en la proposición a que se hace referencia no hay auxiliar lo normal es utilizar **do**:

He sleeps in there, doesn't he?
¿Duerme ahí dentro, verdad?

Your cousin arrived last night, didn't she?
Tu prima llegó anoche, ¿verdad?

A no ser que a la *«question-tag»* siga a un imperativo, en cuyo caso se emplea un auxiliar en forma afirmativa (en concreto **will/would**). Estas *«question-tags»* generalmente ayudan a suavizar el carácter imperativo:

Leave the cat alone, will you?
Deja en paz al gato, ¿vale?

Take this to Mrs Brown, would you?
Anda, llévale esto a la Sra Brown, ¿quieres?

En esos casos la forma negativa **won't** equivale a una invitación:

Help yourselves to drinks, won't you?
Por favor, servíos de beber lo que queráis.

9 ORACIONES NEGATIVAS

a) *Negación de las formas verbales conjugadas*

1) **Do** con **not** se emplea a no ser que en la oración haya otro auxiliar (**should**, **will** etc.). Es normal utilizar, tanto en el lenguaje hablado como en el escrito, las contracciones del auxiliar con la forma negativa (**don't, won't, can't,** etc.):

We do not/don't accept traveller's cheques.
No aceptamos cheques de viaje.

pero si se trata de otro auxiliar:

The matter should not/shouldn't be delayed.
El asunto no debería retrasarse.

2) En las oraciones interrogativas el **not** sigue al sujeto, a no ser que se contraiga con la forma verbal:

Do they not accept traveller's cheques?
(pero: **don't they accept...?**)
¿No aceptan cheques de viaje?

Should you not try his office number?
(pero: **shouldn't you try...?**)
¿No crees que deberías intentarlo con el número de su oficina?

3) Los verbos que expresan un punto de vista (**believe, suppose, think** etc.) generalmente aparecen en forma negativa, incluso cuando la negación se refiere, lógicamente, al verbo que aparece en la proposición en función de complemento:

I don't believe we have met.
Creo que no nos hemos conocido.
(o: No creo que nos hayamos conocido.)

I don't suppose you could lend me a fiver?
Supongo que no puedes prestarme cinco libras.
(o: No creo que puedas prestarme...)

I didn't think these papers were yours.
Pensaba que estos papeles no eran tuyos.
(o: No pensaba que estos papeles fueran tuyos.)

pero **hope** es más «lógico»:

I hope it won't give me a headache.
Espero que no me ponga dolor de cabeza.

E incluso cuando aparece solo no le acompaña el auxiliar **do**:

Is she ill? - I hope not.
¿Está enferma? - Espero que no.

Para las respuestas breves con **believe**, **think** y **suppose** existen numerosas formas:

Will she marry him?
¿Se va a casar con él?

I don't believe/think so. (empleadas normalmente)
No lo creo/pienso que no.

I believe/think not. (menos corrientes, lenguaje más cuidado)
I don't suppose so. (empleada normalmente)
I suppose not. (empleada normalmente)

b) *Negación de infinitivos y gerundios*

Se forma poniendo **not** delante del infinitivo o del gerundio:

We tried not to upset her.
Intentamos no decepcionarla.

I want you to think seriously about not going.
Quiero que pienses seriamente en quedarte.

Not eating enough vegetables is a common cause of...
No comer la verdura suficiente es causa común de...

El ejemplo con infinitivo que hemos visto anteriormente tiene un significado totalmente diferente de:

We didn't try to upset her.
No intentamos disgustarla.

en la que es el auxiliar el que aparece en forma negativa.

Observe la expresión **not to worry = don't worry**:

I won't manage to finish it by tomorrow. - Not to worry.
No conseguiré terminarlo antes de mañana. - No te preocupes.

En el inglés de todos los días puede intercalarse **not** entre el **to** del infinitivo y el verbo (**we tried to not upset her**), aunque muchas personas lo consideran incorrecto; ver pág. 151.

c) *Negación del imperativo*

1) Se hace con **do. Do not** tiene **don't** como forma contracta:

Don't worry.	No te preocupes.
Don't be silly.	No seas tonto.

La forma no contracta, **do not**, queda limitada por lo general a declaraciones oficiales, instrucciones de manejo, carteles etc.:

Do not fill in this part of the form.
No rellene esta parte del formulario.

Do not feed the animals.
Prohibido dar de comer a los animales.

En inglés hablado también se puede utilizar la forma completa para dar mayor énfasis al imperativo:

I'll say it again. - Do not touch!
Te lo repito... ¡no toques!

Con el imperativo con **let's**, utilizado para las propuestas, el orden de las palabras es el siguiente:

Don't let's wait any longer.
No esperemos más tiempo.

2) Existe otra forma de expresar un imperativo en forma negativa; consiste en emplear **not** tras el verbo. Este es el inglés que se acostumbra a leer en la Biblia o en las obras de Shakespeare. También puede emplearse cuando se juega con el lenguaje para crear una situación especial:

Fear not, the situation is under control.
No temas, la situación está controlada.

Con **let's**, no obstante, esta construcción es completamente normal:

Let's not wait any longer.
No esperemos más tiempo.

d) A **never** generalmente no le acompaña **do**:

We never accept traveller's cheques.
Nunca aceptamos cheques de viaje.

I never said a word.
Nunca dije una sola palabra.

Pero si queremos hacer hincapié en **never** podemos emplear **do** o **did**:

You never did like my cooking, did you?
Nunca te ha gustado como cocino, ¿verdad?

Si se invierte el orden del sujeto y el auxiliar se utilizará **do**:

Never did it taste so good!
¡Nunca me había sabido tan bueno!

Never did their courage waver.
Nunca cedió su valor.

En el primero de estos dos ejemplos se trata más de una oración exclamativa que de una negativa, y en el segundo el estilo es más bien retórico.

e) *Traducción de las formas negativas castellanas*

1) no... nunca

   He never speaks to me./He doesn't ever speak to me.
   No me habla nunca.

2) no... nada

   I saw nothing./I didn't see anything.
   No vi nada.

3) no... nadie

   She agrees with nobody (no one)./She doesn't agree with anybody (anyone).
   No está de acuerdo con nadie.

4) ya no

   I don't smoke any more/any longer.
   Ya no fumo.

   Words which are no longer used./Words which aren't used any longer.
   Palabras que ya no se utilizan.

10 PARA EXPRESAR TIEMPO PRESENTE

Se puede expresar tiempo presente de diferentes maneras, según hagamos referencia a acontecimientos habituales o generales, o a acontecimientos determinados, y dependiendo de si se consideran acciones en curso o hechos puntuales. En este punto veremos el empleo de las formas verbales adecuadas.

a) *Presente simple*

1) Se emplea para acontecimientos habituales o generales o para verdades universales:

   I get up at seven o'clock every morning.
   Todas las mañanas me levanto a las siete.

   Mrs Parfitt teaches French at the local school.
   La Sra Parfitt enseña francés en la escuela local.

   The earth revolves around the sun.
   La tierra gira alrededor del sol.

2) Con verbos que no dan idea de progresión en el tiempo. A veces se llama «estáticos» a estos verbos, y expresan deseo, (dis)gusto, opinión o hacen referencia a los sentidos:

I (dis)like/love/hate/want that girl.
(No) Me gusta/Amo/Odio/Quiero a esa chica.

I believe/suppose/think you're right.
Creo/Supongo/Pienso que tienes razón.

We hear/see/feel the world around us.
Oímos/Vemos/Sentimos el mundo a nuestro alrededor.

Observe que estos verbos «estáticos» pueden convertirse en «dinámicos» si se sobreentiende que hablamos del desarrollo o duración de la acción. En tal caso se emplea el presente continuo:

What are you thinking about?
¿En qué piensas?

We're not seeing a lot of him these days.
No le vemos mucho últimamente.

Are you not feeling well today?
¿No te sientes bien hoy?

We're tasting the wine to see if it's all right.
Estamos probando el vino para ver si está bien.

b) *Presente continuo*

1) El presente continuo se emplea con verbos «dinámicos», es decir, aquellos que se refieren a acontecimientos en curso o temporales:

Don't interrupt me while I'm talking to somebody else.
No me interrumpas mientras que hablo con otra persona.

I'm getting up much earlier these days.
Ultimamente me estoy levantando mucho antes.

He's trying to get the car to start.
Está intentando que el coche arranque.

Not now, I'm thinking.
Ahora no, estoy pensando.

Compare los siguientes ejemplos:

I live in London. (presente simple)
Vivo en Londres.

I'm living in London. (presente continuo)
Estoy viviendo en Londres (temporalmente).

En la segunda oración el hablante no asegura estar instalado en Londres de forma permanente, sino que lo hace de forma temporal.

2) Si tenemos en cuenta lo que vimos anteriormente, en el punto **a**), parecerá lógico afirmar que los adverbios de tiempo absoluto o de frecuencia son acompañantes habituales del presente simple, como p.ej.:

He always goes to bed after midnight.
Siempre se va a la cama después de medianoche.

Este empleo del presente simple es normal cuando lo único que pretendemos es dar constancia de un hecho. Pero se emplea el presente continuo con estos adverbios, especialmente con **always** y **forever**, cuando queremos dar cuenta no sólo del hecho mismo, sino de nuestra actitud hacia él, en especial si se trata de irritación, sorpresa o diversión:

You're always saying that! (irritación)
¡Siempre estás diciendo eso!

John is forever forgetting his car keys. (hecho divertido)
John siempre se está olvidando las llaves del coche.

I'm always finding you here at Betty's. (sorpresa)
¡Pero siempre te encuentro en casa de Betty!

11 PARA EXPRESAR TIEMPO PASADO

a) *Pasado simple*

Es el tiempo que se utiliza cuando queremos hacer hincapié en el cumplimiento de una acción, generalmente en un momento preciso, señalado por un adverbio:

He caught the train yesterday.
Cogió el tren ayer.

He didn't say a word at the meeting.
No dijo una sola palabra en la reunión.

Maria Callas sang at the Lyric Opera only a few times.
Maria Callas cantó en la *Lyric Opera* sólo unas cuantas veces.

b) *used to/would*

Cuando hacemos referencia a un acontecimiento habitual en el pasado, a menudo se emplea **used to** o **would**:

> **On Sundays we used to go to my grandmother's.**
> **On Sundays we would go to my grandmother's.**
> Los domingos acostumbrábamos a ir a casa de mi abuela.

c) *Pasado continuo*

Este tiempo tiene como finalidad expresar la continuidad de una acción o de un acontecimiento:

> **What were you doing last night around 9 o'clock? - I was repairing the garage door.**
> ¿Qué estabas haciendo anoche aproximadamente a las nueve? - Estaba reparando la puerta del garaje.

> **I was watching my favourite programme when the phone rang.**
> Estaba viendo mi programa favorito cuando sonó el teléfono.

En el segundo ejemplo **was watching** (pasado continuo) aparece en oposición a **rang** (pasado simple). La oposición tiene un carácter diferente en el ejemplo siguiente, en el que se han invertido las formas verbales:

> **I watched his face while the phone was ringing.**
> Observé su cara mientras que el teléfono sonaba.

Aquí el hablante insiste en el hecho de que la acción de «observar» se produjo en un determinado momento, dejando a un lado la continuidad que dicha acción pudiera tener; la continuidad del «sonar del teléfono» es la que tiene importancia. Los dos ejemplos ilustran el empleo del pasado continuo para acontecimientos que sirven de telón de fondo a otros de más corta duración, para los que se prefiere el aspecto simple.

d) *Presente perfecto y presente perfecto continuo*

El presente perfecto se emplea para acciones del pasado o acontecimientos que tienen una relación con el presente:

> **She has read an enormous number of books.** (es decir, es una erudita)
> Ha leído una enorme cantidad de libros.

Compare el uso del presente perfecto con el del pasado simple en los ejemplos siguientes:

Have you heard the news this morning? (todavía estamos en la mañana)
¿Has oído las noticias esta mañana?

Did you hear the news this morning? (ya es por la tarde)
¿Has oído las noticias esta mañana?

He has just arrived. (todavía está ahí)
Acaba de llegar.

He arrived a moment ago. (énfasis sobre un hecho que se cumplió en el pasado)
Llegó hace un momento.

Mrs Smith has died. (ahora está muerta)
La Sra Smith ha muerto.

Mrs Smith died a rich woman. (cuando murió era rica)
La Sra Smith murió rica.

Para resaltar la duración de una acción se puede emplear el aspecto continuo:

I've been living in this city for 10 years.
Llevo viviendo en esta ciudad desde hace diez años.

No obstante podríamos emplear la forma simple del verbo con el mismo significado:

I've lived in this city for 10 years.
Vivo en esta ciudad desde hace diez años.

Obsérvese que anteriormente hemos utilizado la preposición **for** para hacer referencia a un periodo de tiempo (**10 years**); cuando queremos referirnos a un momento determinado en el tiempo (**no un periodo**) utilizaremos **since**:

I've been living here since 1981.
Vivo aquí desde 1981.

Hay que tener en cuenta que en determinados casos la elección del tiempo simple o del continuo expresan ideas diferentes. Compare estos ejemplos:

I've been waiting for you for three whole hours!
¡He estado esperándote desde hace tres horas!

I've waited for you for three whole hours!
¡Te estoy esperando desde hace tres horas!

El segundo ejemplo no se lo diríamos a la persona que esperamos si acaba de llegar; sí que podríamos decírselo por teléfono, dando a entender que estamos esperando pero vamos a dejar de hacerlo de inmediato.

El primer ejemplo sí podríamos decírselo a la persona en cualquiera de las dos situaciones.

e) *Pasado perfecto y pasado perfecto continuo*

El pasado perfecto nos permite hablar de acciones o acontecimientos anteriores a otras acciones o acontecimientos pasados. Expresa un pasado en relación a otro:

She had left when I arrived.
Cuando llegué, ella se había ido.

She left when I arrived.
Ella se fue cuando yo llegué.

El aspecto continuo permite resaltar que se trata de una acción en curso:

She had been trying to get hold of me for hours when I finally turned up.
Cuando por fin me presenté ella había estado intentando localizarme durante horas.

I had been meaning to contact him for ages.
Hacía siglos que tenía la intención de ponerme en contacto con él.

En lo que se refiere al uso del pasado perfecto en las proposiciones condicionales ver la pág. 183.

12   PARA EXPRESAR TIEMPO FUTURO

a)   *will* y *shall*

1)   Cuando el hablante hace referencia al futuro de la primera persona puede emplear will o shall. Estas dos formas se contraen en 'll. No obstante el uso de shall está restringido a Gran Bretaña generalmente (donde también ha sido prácticamente sustituido por will):

I will/I'll/I shall inform Mr Thompson of her decision.
Informaré de su decisión al Sr Thompson.

We won't/shan't be long.
No tardaremos mucho.

I will/I'll/I shall be in Rome when you're getting married.
Cuando os caséis yo estaré en Roma.

2)   Para las otras personas se emplea will:

You will/You'll be surprised when you see him.
Te sorprenderás cuando le veas.

He will/He'll get angry if you tell him this.
Se enfadará si le dices eso.

Observe que en inglés después de when se emplea un presente para hacer referencia al futuro, como en el ejemplo anterior. Esta norma se aplica también a otras conjunciones de tiempo, por ejemplo:

I'll do it as soon as I get home.
Lo haré tan pronto como llegue a casa.

Life will be easier once you learn to accept... (o **once you have learnt to accept...**)
La vida será más fácil una vez que hayas aprendido a aceptar...

3)   Si el hablante quiere expresar una intención en segunda o tercera persona (a menudo una promesa o una amenaza) a veces veremos que utiliza shall, pero hoy en día también tiende a ser sustituido por will:

You shall get what I promised you.
Tendrás lo que te prometí.

They shall pay for this!
¡Me las pagarán por esto!

Si la intención o la voluntad no es la del hablante, se empleará **will** (**'ll**):

He will/He'll do it, I'm sure.   Lo hará, estoy seguro-a.

4) **Shall** se emplea para hacer sugerencias:

Shall we go?   **Shall I do it for you?**
¿Nos vamos?   ¿Quieres que te lo haga?

En ninguno de estos dos ejemplos se emplearía **will**.

5) **Will** se emplea para pedir a alguien que haga algo:

Will you step this way, please?
¿Le importaría venir por aquí, por favor?

6) Para proponer hacer algo o para afirmar algo referente a un futuro inmediato:

En los ejemplos siguientes se prefiere **will** a **shall** (aunque la forma contracta es, con diferencia, la más utilizada):

Leave that, I'll do it.   **Try some, you'll like it.**
Deja eso, yo lo haré.   Prueba, te gustará.

What's it like? - I don't know, I'll try it.
¿Cómo está? - No lo sé, voy a probarlo.

There's the phone. - OK, I'll answer it.
Es el teléfono. - Vale, ya lo cojo.

b) *Futuro simple y futuro continuo*

1) La acción en curso:

A **will** y **shall** puede seguirles la forma continua si el hablante quiere hacer especial énfasis en la duración de la acción:

I'll be marking the essays and you'll be looking after the baby.
Mientras que yo corrijo los trabajos tú puedes cuidar del bebé.

2) El hablante también puede utilizar la forma continua para explicar de forma neutra el estado de las cosas, dejando a un lado el matiz de voluntad que podría darse a entender si se emplea el aspecto simple. Por ello a menudo encontraremos **will/shall** + forma continua del infinitivo en oraciones que indican una previsión:

She'll be giving two concerts in London next week. (= she is due to give...)
Dará dos conciertos en Londres la semana que viene.

3) Frecuentemente se utiliza el futuro continuo para evitar que una pregunta sea interpretada como una petición o una demanda, dejando claro que se trata de averiguar una posible intención. Compare estos dos ejemplos:

Will you bring that up at the meeting?
¿Sacarás el tema en la reunión? (*podría ser interpretado como una petición*)

Will you be bringing that up at the meeting?
¿Piensas sacar el tema en la reunión?

c) *be going to*

1) A menudo no hay diferencia alguna entre **be going to** y **will**:

I wonder if this engine is ever going to start. (... will ever start.)
Me pregunto si este motor arrancará de una vez.

You're going to just love it. (You'll just love it.)
Te va a encantar.

What's he going to do about it? (What'll he do about it?)
¿Qué va a hacer?

2) Cuando se trata de expresar una intención se emplea más **be going to** que **will** o **shall**:

We're going to sell the house after all.
Después de todo, vamos a vender la casa.

He's going to sue us.   **I'm going to London tomorrow.**
Nos va a demandar.   Mañana voy a Londres.

Pero si la oración es más larga, e incluye otros grupos adverbiales y otras proposiciones, también podremos emplear **will**:

Look, what I'll do is this, I'll go to London tomorrow, talk to them about it and...
Mira, lo que voy a hacer es lo siguiente, mañana voy a Londres, hablo con ellos del asunto y...

3) **Be going to** se prefiere a **will** cuando las razones que justifican las previsiones tienen una relación directa con el presente:

It's going to rain. (Look at those clouds!)
Va a llover. (¡Mira qué nubes!)

I know what you're going to say. (It's written all over your face.)
Sé lo que vas a decir. (Lo llevas escrito en la cara).

d) *Presente simple*

1) En la proposición principal el presente simple expresa tiempo de futuro cuando se hace referencia a un plan establecido y, en particular, cuando se hace referencia a un horario:

Classes start on October 6th.
El curso empieza el seis de octubre.

The train for London leaves at 11 am.
El tren con destino a Londres sale a las once de la mañana.

2) En las proposiciones temporales o condicionales generalmente se utiliza el presente simple:

You'll like him when you see him.
Te gustará cuando le veas.

If he turns up, will you speak to him?
¿Le hablarás si se presenta?

No confunda las proposiciones de esta clase que comienzan por **when** e **if** con las proposiciones con función de complemento directo del estilo interrogativo indirecto. En estas últimas **when** equivale a «cuándo» e **if** equivale generalmente a **whether**; respecto al tiempo verbal, se mantendrá el de la interrogación directa correspondiente:

I wonder if/whether she'll be there.
Me pregunto si estará allí.

e) *Presente continuo*

1) El presente continuo a menudo equivale a **be going to** cuando lo que hacemos es expresar intención:

She's giving two concerts in London next week.
Dará dos conciertos en Londres la semana que viene.

The train for London is leaving soon.
El tren con destino a Londres saldrá en breves instantes.

f) *be to*

Be to se emplea frecuentemente para hacer referencia a planes concretos, en particular planes que han organizado para nosotros otras personas, la suerte, o el destino.

> **The President is to visit the disaster zone.** (para más información sobre el estilo de los grandes titulares ver la pág. 151)
> El presidente visitará la zona catastrófica.

> **We are to be there by ten o'clock.**
> Tenemos que estar allí antes de las diez.

> **Are we to meet again, I wonder?**
> Me pregunto si nos veremos de nuevo alguna vez.

g) *be about to*

Be about to expresa un futuro inmediato:

> **The play is about to start.** (any second now)
> La obra está a punto de empezar.

Be about to también puede emplearse para expresar una intención de futuro, pero ese uso es más corriente en inglés americano:

> **I'm not about to let him use my car.**
> No estoy dispuesto a dejarle utilizar mi coche.

En inglés británico la tendencia es utilizar **be going to**.

h) *Futuro perfecto y futuro perfecto continuo*

El futuro perfecto se emplea para hacer referencia a una acción que habrá terminado/sido terminada antes que otra en el futuro:

> **By the time we get there he will already have left.**
> Para cuando lleguemos allí ya se habrá marchado.

> **By then we'll have been working on this project for 5 years.**
> Para entonces, habremos estado trabajando cinco años en este proyecto.

También se utiliza el futuro perfecto continuo para expresar suposiciones respecto al presente o al pasado:

> **You'll have been following developments on this, no doubt.**
> Sin duda alguna usted habrá estado siguiendo el desarrollo de este asunto.

13   PARA EXPRESAR CONDICIÓN

En las oraciones condicionales hay una proposición subordinada, que se sitúa indistintamente delante o detrás de la proposición principal, y que expresa la condición. Generalmente comienza con **if**:

If the train is late, we'll miss our plane.
Si el tren llega con retraso perderemos el avión.

We'll miss our plane if the train is late.
Perderemos el avión si el tren llega con retraso.

A veces se utiliza **unless** (si no..., a menos que) para las condicionales negativas:

Unless the train is on time, we'll miss our plane.
A menos que el tren llegue a su hora, perderemos el avión.

If the train isn't on time, we'll miss our plane.
Si el tren no llega a su hora, perderemos el avión.

Ya que la acción de la proposición principal depende de la condición que se expresa en la subordinada, dicha acción generalmente se expresa en futuro (ver más adelante el punto **a-1** para las excepciones). El auxiliar cuyo significado es más próximo al futuro es **will**, así como **would**, su forma del pasado, y son los auxiliares que se utilizan para los ejemplos que ilustran el uso de las oraciones condicionales.

a)   *Referencia al presente o al futuro*

   1)   Posibilidad real:

En verbo de la proposición subordinada aparece en presente o en presente perfecto. En la proposición principal aparece la estructura **will** + infinitivo (a veces **shall** + infinitivo para primeras personas):

If you see her, you will not recognize her.
Si la ves no la reconoces/reconocerás.

If you are sitting comfortably, we will begin.
Si se encuentran cómodos, comenzamos.

If you have completed the forms, I will send them off.
Si has rellenado los formularios, los mando.

If he comes back, I shall ask him to leave.
Si vuelve, le pediré que se marche.

Hay tres excepciones importantes:

* Si el verbo de la proposición principal también aparece en presente, se sobreentenderá como norma un resultado automático o habitual.

   En estas oraciones, **if** tiene casi el sentido de **when(ever)** (siempre que, cada vez que):

   If the sun shines, people look happier.
   Cuando el sol brilla la gente parece más contenta.

   If people eat rat poison, they often die.
   Normalmente la gente se muere cuando come raticida.

   If you're happy, I'm happy.
   Cuando estás feliz, yo estoy feliz.

   If you don't increase your offer, you don't get the house.
   Si no aumentas tu oferta, no consigues la casa.

* Cuando en la proposición subordinada también se emplea **will** se apela a la buena voluntad de la persona a la que hace referencia el hablante, o a su intención de hacer algo:

   If you will be kind enough to stop singing, we will/shall be able to get some sleep.
   Si fuera tan amable de dejar de cantar, podríamos dormir un poco.

   If you will insist on eating all that fatty food you will have to put up with the consequences.
   Si continúas comiendo todas esas grasas, tendrás que atenerte a las consecuencias.

   Cuando esta estructura se utiliza para pedir a alguien que haga algo, podemos hacer que resulte más cortés utilizando **would**:

   If you would be kind enough to stop playing the trombone, we would/should be able to get some sleep.
   Si tuviera la bondad de dejar de tocar el trombón, podríamos dormir un poco.

* Cuando en la proposición subordinada se utiliza **should** (para todas las personas), se sobreentiende que la condición es menos probable. A estas proposiciones con **should** a menudo les sigue un imperativo, como ocurre en los dos primeros ejemplos:

   If you should see him, ask him to call.
   Si le vieras, dile que me llame.

If he should turn up, try and avoid him.
Si se presentara, intenta evitarle.

If they should attack you, you will have to fight them.
Si te atacarán, tendrás que defenderte.

En un estilo más cuidado podría omitirse if y comenzar la oración con la proposición subordinada con should:

Should the matter arise again, telephone me at once.
En caso de que volviera a surgir el problema, llámame por teléfono de inmediato.

2) Posibilidad remota o irreal:

En este caso hay muchos obstáculos para que se cumpla la condición o simplemente esperamos que no se cumpla. El verbo de la proposición subordinada aparece en pasado, mientras que en la principal aparece la estructura would (o should para la primera persona) + infinitivo:

If you saw her, you would not recognize her.
Si la vieras no la reconocerías.

If she had a car, she would visit you more often.
Si tuviera un coche te visitaría más a menudo.

If I won that amount, I would/should just spend it all.
Si yo ganara esa cantidad me lo gastaría todo.

If the lift was working, there would not be so many complaints.
Si el ascensor funcionase no habría tantas quejas.

Este tipo de oración no expresa necesariamente una posibilidad poco probable o irreal. Con frecuencia apenas hay diferencia con la construcción que vimos anteriormente en el punto a-1:

If you tried harder, you would pass the exam. (If you try harder, you will pass the exam.)
Si te esforzaras más, aprobarías el examen.

El uso del pasado puede dar a la oración un matiz más «amistoso» y educado.

b) *Referencia al pasado*

1) En este caso lo que se expresa en la proposición que empieza por
    if; es decir, la condición, no se ha producido. El verbo de esta
    proposición está en pasado perfecto y en la principal aparece la
    estructura **would** (o **should** para la primera persona) + infinitivo
    perfecto:

    If you had seen her, you would not have recognized her.
    Si la hubieras visto, no la habrías reconocido.

    If I had been there, I would/should have ignored him.
    Si hubiera estado allí, le habría hecho caso omiso.

    En un estilo ligeramente más cuidado puede omitirse **if** y hacer
    que la proposición subordinada empiece por **had**:

    Had I been there, I would/should have ignored him.
    De haber estado allí, le habría hecho caso omiso.

2) Excepciones:

*   Si la proposición principal hace referencia a la no realización en el
    presente de una condición del pasado, también puede utilizarse
    would + infinitivo:

    If I had studied harder, I would be an engineer today.
    Si hubiera estudiado más, ahora sería ingeniero.

*   Utilizaremos el pasado en las dos proposiciones si, como ocurría
    en el punto **a-1**, se sobreentiende un resultado automático o
    habitual (**if** = when (ever)):

    If people had influenza in those days, they died.
    En aquellos días, cuando la gente cogía la gripe, moría.

    **If they tried to undermine the power of the Church, they were
    burned at the stake.**
    Si trataban socavar el poder de la Iglesia, se les quemaba en la
    hoguera.

*   Si se tiene esperanza de que la condición se cumpla, las
    restricciones mencionadas sobre la concordancia de los tiempos
    que vimos en los puntos **a)** y **b)** no se tienen en cuenta. En este
    caso **if** a menudo significa «teniendo en cuenta que», «ya que»,

Observe, por ejemplo, la diversidad de formas verbales empleadas en las proposiciones principales que siguen a las proposiciones que comienzan por if (todas éstas en pasado):

If he was rude to you, why did you not walk out?
Si se puso grosero contigo, ¿por qué no te fuiste?

If he was rude to you, why have you still kept in touch?
If he was rude to you, why do you still keep in touch?
Si se puso grosero contigo, ¿por qué mantienes contacto con él?

If he told you that, he was wrong.
Si te dijo eso, se equivocaba.

If he told you that, he has broken his promise.
Si te dijo eso, ha faltado a su promesa.

If he told you that, he is a fool.
Si te dijo eso, es que es idiota.

14 EL SUBJUNTIVO

Por oposición al indicativo, que es el modo de la realidad, el subjuntivo es el modo de lo irreal; por ejemplo, es el que se utiliza para expresar deseo, esperanza, posibilidad etc. (Ver **Modos**, pág. 144).

El subjuntivo presente es formalmente idéntico al infinitivo (sin to) en las tres personas de singular y de plural. Dicho de otra manera, la única diferencia entre las formas del presente de indicativo y el de subjuntivo es la ausencia de la terminación -s en 3ª persona.

Desde el punto de vista estrictamente formal el subjuntivo pasado no tiene marca alguna, excepción hecha de las 1ª y 3ª persona del singular del verbo to be (que es were). No obstante, se prefiere utilizar was en el lenguaje cotidiano (ver el punto b-4 más adelante).

a) *El subjuntivo en las proposiciones principales*

En las proposiciones principales el uso del subjuntivo queda limitado a expresiones fijas que expresan deseo o esperanza, por ejemplo:

God save the Queen!   **Long live the King!**
¡Dios salve a la reina!   ¡Viva el rey!

Heaven be praised!
¡Alabado sea Dios!

b) *El subjuntivo en las proposiciones subordinadas*

1) El subjuntivo pasado es de uso corriente en las proposiciones condicionales (ver el punto 13-a-2). El uso del subjuntivo presente corresponde a un lenguaje muy cuidado o al estilo literario:

If this be true, old hopes are born anew.
Si fuera cierto, renacerían nuestras esperanzas.

excepto en la frase hecha **if need be** = «si fuera necesario»:

If need be, we can sell the furniture.
Si fuera necesario, podemos vender los muebles.

Observe también su uso en ciertas construcciones de carácter concesivo:

They are all interrogated, be they friend or foe.
Todos son interrogados, sean amigos o enemigos.

2) Con cierta frecuencia, aunque no en todos los casos, aparece un subjuntivo pasado en proposiciones comparativas introducidas por **as if** o **as though**:

He looks as though he took his work seriously. (=... as though he takes...)
Parece que se tomara su trabajo en serio.

He treats me as if I was/were a child.
Me trata como si fuera un niño.

3) El subjuntivo pasado se emplea después de **if only** y en las proposiciones en función de complemento directo que siguen a **wish** y **had rather**; todas estas proposiciones expresan deseo:

If only we had a bigger house, life would be perfect.
Si tuviéramos una casa más grande nuestra vida sería perfecta.

Are you going abroad this year? - I wish I were/was.
¿Vas al extranjero este año? - Ojalá.

I wish he was/were back at school.
Ojalá que volviera a la escuela.

Where's your passport? - I wish I knew.
¿Dónde está tu pasaporte? - Ojalá lo supiera.

Do you want me to tell you? - I'd rather you didn't.
¿Quieres que te lo diga? - Prefiero que no me lo digas.

4) En un lenguaje cuidado (p.ej. en el lenguaje jurídico), a veces nos
    encontramos con un subjuntivo presente en las proposiciones en
    función de complemento directo siguiendo a verbos o expresiones
    impersonales (como «es importante que...», «sería de desear
    que...») dando a entender una sugerencia o un deseo:

    We propose that the clause be extended.
    Proponemos que se extienda la cláusula.

    It is important that he take steps immediately.
    Es importante que tome algunas medidas inmediatamente.

    En esta clase de oraciones el subjuntivo es de uso más frecuente
    en inglés americano que en inglés británico y en ningún caso
    resulta extraño en el lenguaje jurídico o comercial. Aunque la
    influencia del inglés americano en el inglés británico es cada vez
    mayor este último prefiere generalmente el uso de **should** +
    infinitivo.

    We suggest that the system (should) be changed.
    Sugerimos que el sistema sea cambiado.

    It is vital that he (should) start as soon as possible.
    Es vital que empiece tan pronto como sea posible.

5) Después de **it's time**, cuando el hablante quiere decir que ha
    llegado el momento de hacer algo y **debería haberse hecho
    antes**, se emplea el subjuntivo pasado:

    It's time we spoke to him.
    Ya es hora de que le hablemos.

    It's high time they stopped that.
    Ya es hora de que lo dejen.

    mientras que si no utilizamos el pasado lo que hacemos es
    simplemente afirmar que ha llegado el momento de hacer algo:

    It's time to speak to him about it.
    Es hora de hablar con él del asunto.

6) **If I was/if I were**

    El uso de estas expresiones ocasiona errores con frecuencia.

Existen casos en que sólo puede emplearse **if I was**; esto es así cuando la condición a la que se hace referencia no es en ningún caso una condición irreal:

If I was mistaken about it then it certainly wasn't through lack of trying.
Si me equivoqué desde luego no fue por falta de empeño.

El hablante no pone en tela de juicio la realidad del hecho, lo único que hace es justificarse.

Sin embargo, en el ejemplo siguiente:

If I were mistaken about it, surely I would have realized.
Si me hubiera equivocado está claro que me habría dado cuenta.

El hablante duda de que se haya equivocado, por lo tanto el uso del subjuntivo (**were**) es correcto. Pero tampoco sería incorrecto emplear **was** en este contexto; simplemente se trata de una expresión perteneciente a un uso más cuidado del lenguaje.

15   UN USO CONCRETO DEL PASADO

En los puntos **13** y **14** vimos como el subjuntivo pasado puede hacer referencia al tiempo presente en las proposiciones condicionales o de otro tipo. Aparte de estos usos, el pasado también puede hacer referencia al presente en las proposiciones principales que expresan una actitud de modo más inseguro, y por lo tanto más cortés y respetuoso. Como por ejemplo en:

Did you want to see me?
¿Quería verme?

así suena más educado, menos seco que:

Do you want to see me?
¿Quiere verme?

Pero en la expresión:

I was wondering if you could help me do this.
¿Podría ayudarme a hacerlo?

el uso del pasado ya da un matiz de cortesía y no es tan diferente de:

I wonder if you could help me with this.

Por otra parte la expresión:

> **I was hoping you could help me here.**
> ¿Puede ayudarme?

que expresa una petición de forma cortés no tiene una expresión equivalente en presente.

16   LA VOZ PASIVA

Por lo que respecta a las diferencias de forma entre la voz activa y la pasiva ver pág. 146.

a)   *La pasiva directa y la indirecta*

En esta oración en voz activa:

> **They sent him another bill.**
> Le enviaron otra factura.

another bill es el complemento directo y **him** es el indirecto. Si el complemento directo de la oración en voz activa se convierte en sujeto de la misma oración en voz pasiva tendremos una «pasiva directa»:

> **Another bill was sent (to) him.**
> Otra factura le ha sido enviada.

Mientras que una «pasiva indirecta» tendría como sujeto al complemento indirecto de una oración activa:

> **He was sent another bill.**
> Le enviaron otra factura.

b)   *La pasiva de estado y la pasiva de acción*

En la oración siguiente el verbo expresa un estado:

> **The shop is closed.**
> La tienda está cerrada.

mientras que en el ejemplo siguiente no cabe la menor duda de que se trata de una acción:

> **The shop is closed by his mother at 4 pm every day.**
> La tienda es cerrada por su madre todos los días a las cuatro de la tarde.

En la primera oración el verbo es «de estado» y en la segunda «de acción». Vemos que no es la forma la que nos ayuda a saberlo, sino el contexto. La forma del verbo es la misma. La ausencia de formas diferentes en inglés a veces puede producir ambigüedad, como en el siguiente ejemplo:

His neck was broken when they lifted him.

Esta oración puede querer decir que «su cuello estaba roto cuando lo recogieron» (pasiva de estado) o que «se rompió el cuello cuando lo recogieron» (pasiva de acción). Cuando queremos insistir en que se trata de una pasiva de acción (de uso más frecuente) puede utilizarse **get** como auxiliar, en vez de **be**, en especial en el lenguaje cotidiano:

His neck got broken when they lifted him.
Se rompió el cuello cuando lo recogieron.

They finally got caught.   He got kicked out.
Finalmente fueron atrapados. Fue despedido.

Esta construcción también indica en cierto modo que el sujeto mismo es responsable del resultado (p.ej. en los dos últimos ejemplos); viene a ser una pasiva refleja.

Con este mismo uso de **get** que acabamos de ver, puede utilizarse **have:**

He had his neck broken when they lifted him.
Se rompió el cuello cuando lo recogieron.

They've had their house burgled three times.
Su casa ha sido robada tres veces.

c) *¿Voz activa o pasiva?*

1) Si lo más importante es la acción, y no quien la hace, generalmente se prefiere la voz pasiva a la activa. Así pues:

His invitation was refused.
Su invitación fue rechazada.

para el hablante la identidad de la persona que rechaza la invitación no tiene ninguna importancia. Si en el lenguaje científico en particular se utilizan numerosas construcciones pasivas, esto se debe a que mencionar a quien realiza la acción, resulta falto de objetividad. Así pues se diría:

The experiment was conducted in darkness.
El experimento fue realizado en la oscuridad.

mejor que:

I conducted the experiment in the darkness.
Realicé el experimento en la oscuridad.

2) Hay muchos verbos que aparecen en voz activa aunque quien realiza la acción no tiene importancia alguna, o no se le conoce. En estos casos el verbo tiene sentido pasivo:

The theatre runs at a profit.
El teatro produce beneficios.

y

The theatre is run at a profit.

Estas formas activas con un significado pasivo son relativamente frecuentes en inglés, y muchas veces el uso de la pasiva resultaría falto de fluidez, incluso incorrecto:

A cloth which feels soft.
Una tela suave al tacto.

Silk blouses do not wash well.
Las blusas de seda no se lavan bien.

This essay reads better than your last one.
Este trabajo se lee mejor que el último que hizo.

It flies beautifully.
El avión se pilota de maravilla.

Where is the film showing?
¿Dónde pasan la película?

He photographs well.
Es muy fotogénico.

3) A veces la voz activa con sentido pasivo se limita al infinitivo:

The house is to let.   **I am to blame.**
La casa se alquila.   Soy yo quien tiene la culpa.

pero estos casos no son muy frecuentes. Sin embargo, sí que es frecuente el uso del infinitivo activo con sentido pasivo siguiendo a la construcción **there is** + (pro)nombre:

There is work to do. (=... to be done)
Hay trabajo que hacer.

When we get home there'll be suitcases to unpack.
Cuando lleguemos a casa habrá maletas por deshacer.

There was plenty to eat.
Había de sobra para comer.

Have you got anything to wash?
¿Tienes algo para lavar?

En algunos casos se puede utilizar indistintamente el infinitivo activo o el infinitivo pasivo:

There's nothing else to say/to be said.
No hay más que hablar.

Is there anything to gain/to be gained from it?
¿Se puede sacar algún beneficio de esto?

Pero, a veces, cuando estas construcciones siguen a los pronombres **something, anything, nothing,** puede haber una diferencia entre el infinitivo activo (con sentido pasivo) y el infinitivo pasivo de **do.** Por ejemplo:

There is always something to do.

significa generalmente (aunque no necesariamente) «siempre hay algo que hacer» (para pasar el tiempo), mientras que:

There is always something to be done.
quiere decir que «siempre hay algo por hacer» (el trabajo nunca termina).

4) «se».

La pasiva se utiliza en inglés con muchísima más frecuencia que en castellano. A menudo el castellano prefiere una construcción impersonal con «se»:

He was spotted leaving the bar.
Se le vio salir del bar.

That's already been done.   **English spoken**
Eso ya se ha hecho.   Se habla inglés.

17 BE, HAVE, DO

a) *be*

1) Be se emplea como auxiliar junto con el participio pasado con el fin de formar la pasiva y con el participio presente para expresar el aspecto continuo del verbo. A veces **be** puede sustituir a **have** como auxiliar para expresar el aspecto perfecto del verbo, por ejemplo:

   Are you finished?   **Our happiness is gone.**
   ¿Has terminado?   Nuestra felicidad ha terminado.

   En estos casos se hace especial énfasis en el estado actual, más que en la acción.

2) Al igual que los otros auxiliares modales, a **be** no le acompaña **do** cuando se trata de hacer las formas interrogativas y negativas. No obstante, cuando **be** no aparece como verbo auxiliar, sino como un verbo independiente, se emplea **do** para formar el imperativo negativo:

   Don't be silly.
   No seas tonto.

3) Cuando **be** no funciona como auxiliar, sólo puede aparecer en aspecto continuo cuando se hace referencia al comportamiento. Así pues hay una diferencia entre:

   He is silly.
   Es tonto (= es su forma de ser)

   y

   He is being silly.
   Está tonto (= se está comportando como un tonto)

   y entre:

   He's American.
   Es americano.

   y:

   If you said it that way, I'd assume you were deliberately being American.
   Si lo dijeras así, pensaría que estabas hablando deliberadamente como un americano.

b) *have*

1) **Have** se utiliza junto con el participio pasado para formar el aspecto «perfecto» (pág. 143).

   Cuando funciona como un verbo léxico, también llamados «plenos», cualquiera expresa a veces una actividad o una experiencia, como en las siguientes expresiones:

have dinner	**have difficulty**
cenar/almorzar	tener dificultad
have a chat	**have a good time**
charlar	pasárselo bien

   Cuando **have** no expresa ninguna clase de actividad generalmente hace referencia a la posesión, a un estado o a cualquier cosa organizada con antelación:

have a farm	**have an appointment**
tener una granja	tener una cita
have toothache	**have time (for** or **to do something)**
tener dolor de muelas	tener tiempo

   Así pues:

   She'll have the baby in August.

   se ajustará a lo explicado al principio de este punto si queremos decir que «dará a luz». Si lo que queremos decir es que lo tendrá, p.ej. si lo ha adoptado y en agosto ya estará en casa, corresponderá a lo que explicamos al final.

   A esta división de significado podemos darle un nombre: **have 1** (**actividad +**) y **have 2** (**actividad -**).

2) **Have 1:**

* Funciona como los verbos léxicos normales que hemos visto; es decir que tanto en la negación como en la interrogación (y en las «question-tags») va acompañado de **do**:

   Did you have the day off yesterday?
   ¿Tuviste ayer el día libre?

   We don't have conversations any more.
   Ya no nos hablamos.

We had a marvellous time, didn't we?
Nos lo pasamos estupendamente, ¿verdad?

* Have 1 puede emplearse en el aspecto continuo:

He telephoned as we were having lunch.
Llamó por teléfono cuando estábamos almorzando.

I'm having trouble with Carol these days.
Estoy teniendo problemas con Carol últimamente.

3) **Have 2:**

* En lugar de **have 2** en inglés británico se prefiere utilizar **have got**, especialmente en el lenguaje hablado, y sobre todo en presente:

He has/he has got/he's got a large garden.
Tiene un gran jardín.

En el pasado normalmente se emplea **had** o **used to have**, este último haciendo hincapié en la idea de la posesión prolongada, la repetición o la costumbre:

They all had flu in July last year.
Todos tuvieron gripe en julio del año pasado.

He had/used to have a large garden once.
Antes tenía un gran jardín.

We had/used to have lots of problems in those days.
En aquella época teníamos muchos problemas.

* En las oraciones interrogativas pueden invertirse sujeto y verbo:

Have you any other illnesses?
¿Tienes alguna otra enfermedad?

En las oraciones negativas se puede emplear **have** sin **do:**

He hasn't a garden.
No tiene jardín.

Pero estas oraciones corresponderían a la esfera del lenguaje cuidado, y en el lenguaje cotidiano se prefiere utilizar **have... got** o una construcción con **do:**

Have you got/Do you have any other illnesses?
He hasn't got/He doesn't have a garden.

El uso de **do** se hace cada vez más frecuente debido a la influencia del inglés americano, en el que esto constituye el uso normal. Observe que si el hablante desea indicarnos que algo se produce habitualmente, con regularidad o de forma general, preferirá utilizar el auxiliar **do**:

Have you got/do you have any food for the dog?
¿Tienes comida para el perro?

pero:

Do you always have dog-food in the sideboard?
¿Siempre tienes comida para perros en el aparador?

pues **have** significa más o menos «tener permanentemente».

Lo mismo ocurre en los siguientes ejemplos:

Have you got/Do you have a pain in your chest?
¿Te duele el pecho?

pero:

Do you frequently have a pain in your chest?
¿Te duele el pecho con frecuencia?

En las question-tags que siguen a **have**, puede emplearse **have** o **do**, ya que, como hemos visto, **have** puede emplearse con o sin **do** en las oraciones interrogativas. **Do**, se utiliza cada vez más a causa de la influencia americana, y es especialmente corriente en el pasado:

He has a Rolls, hasn't/doesn't he?
Tiene un Rolls, ¿verdad?

They had a large garden once, hadn't they/didn't they?
Antes tenían un gran jardín, ¿verdad?

Pero después de **have got** no puede emplearse más que **have** en las question-tags:

He's got a Rolls, hasn't he?
Tiene un Rolls, ¿verdad?

Observe la diferencia entre el uso británico y el americano en estas dos oraciones:

Have you a minute? - No, I haven't (británico)
Have you a minute? - No, I don't (americano)
¿Tienes un minuto? - No.

* Con have 2 no es posible utilizar el aspecto continuo a no ser que se haga referencia al futuro, como en:

    They are having a fridge.

    que en ningún caso significa que tengan una nevera, sino que van a tenerla.

    Today I'm having the car.
    Hoy voy a recoger el coche.

4) Uso causativo de have:

    El verbo **have** se emplea cuando en castellano encargamos que nos hagan algo o cuando hablamos de algo que hacen para nosotros. Por ejemplo:

    Could you have these photocopied?
    ¿Puedes ir a que te fotocopien estas?

    I'll have it done immediately.
    Pediré que me lo hagan inmediatamente.

    We'll have to have the loo fixed.
    Tendremos que pedir que nos reparen el sanitario.

    What on earth have you had done to your hair!
    ¡Qué diablos te han hecho en el pelo!

    En castellano muchas veces utilizamos como sujeto la persona a la que se presta el servicio en estos casos (p.ej. «¡Qué diablos te has hecho en el pelo!», «Tendremos que reparar el sanitario» etc.) dándose por sobreentendido que es otra persona quien lo hará/ha hecho por ellos.

    Observe que en todos los casos anteriores, excepto en el último, podríamos haber utilizado **get** en vez de **have**.

* Existe una construcción americana en la que la idea de «encargar algo» ha desaparecido en gran parte:

    Mr Braithwaite is here. - Ah, have him come in.
    El Sr Braithwaite está aquí. - Ah, hágale entrar.

    Esto equivale simplemente a pedir a alguien que pida al Sr Braithwaite que entre.

* También se pueden emplear los verbos **have** o **get** con un complemento directo:

  I'll have the kitchen send it up to your room, madam.
  Pediré en cocina que se lo suban a su habitación, señora.

  Observe que **have** se utiliza sin **to**. Mientras que **get**, aunque tiene el mismo sentido, necesita **to**:

  I'll get the kitchen to send it up to your room, madam.

5) Construcciones en voz pasiva:

  El verbo **have** se emplea también para formar una clase de construcción pasiva, sobre todo para dar a entender que el sujeto de la oración ha sufrido de una forma o de otra (ver también **16-d**):

  He had both his wives killed in car crashes.
  Sus dos mujeres se mataron en accidentes de coche.

c) *do*

  Ya hemos visto el uso de **do** en oraciones interrogativas y negativas (ver pág. 165). Para su uso en otros casos de inversión (p.ej. **Never did I once dream he would!**) ver pág. 260.

1) **Do** enfático:

  En las oraciones que no son ni interrogativas ni negativas se puede dar mayor énfasis al verbo principal anteponiéndole **do**, que se acentúa en el lenguaje hablado.

  Oh, I do like your new jacket!
  ¡Ah, cómo me gusta tu chaqueta!

  Do try to keep still!
  ¡Pero intenta mantenerte tranquilo!

  A veces este recurso para lo que sirve principalmente es para marcar contraste entre dos afirmaciones:

  I didn't manage to get tickets for... but I did get some for...
  No conseguí sacar entradas para... pero sí que saqué para...

2) **Do** como sustituto de otro verbo:

  Ya hemos dado ejemplos de este uso en el punto que se ocupa de las «question-tags» (ver pág. 167). Aquí tenemos más ejemplos:

  She never drinks! - Oh yes, she does.
  ¡Ella nunca bebe! - ¡Oh, sí que bebe!

Can I help myself to another cream cake? - Please do.
¿Puedo coger otro pastel de crema? - Por favor cógelo.

Do you both agree? - I do, but she doesn't.
¿Estáis de acuerdo los dos? - Yo sí, pero ella no.

18 LOS AUXILIARES MODALES

Estos verbos son will-would, shall-should, can-could, may-might, must-had to, ought to.

a) *will-would*

Las formas negativas contractas son won't-wouldn't.

1) Para su uso en oraciones condicionales ver pág. 183.

2) Para un estudio general de las diferentes formas de expresar el futuro ver pág. 178.

3) Con un significado más bien imperativo:

You will do as you are told!
¡Harás lo que se te dice!

Will you stop that right now.
¿Quieres dejar eso de una vez?

New recruits will report to headquarters on Tuesday at 8.30 am.
Los nuevos reclutas se presentarán en el cuartel el martes a las 8.30 de la mañana.

4) Para apelar, con tono un tanto ceremonioso, a la memoria o el conocimiento de alguien:

You will recall last week's discussion about the purchase of a computer.
Se acordarán de la discusión de la semana pasada sobre la compra de un ordenador.

You will all know that the inspector has completed his report.
Todos ustedes sabrán ya que el inspector a finalizado su informe.

5) Para indicar que se trata de una suposición:

There's the telephone, Mary! - Oh, that will be John.
¡Mary, el teléfono! - Ah, será John.

They'll be there by now.
A estas alturas ya habrán llegado.

How old is he now? - He'll be about 45.
¿Cuántos años tiene ahora? - Tendrá unos 45.

6) Para insistir en una capacidad, una tendencia natural o inherente, o sobre un comportamiento característico:

Cork will float on water.
El corcho flota en el agua.

The Arts Centre will hold about 300 people.
El centro cultural tiene capacidad para unas 300 personas.

John will sit playing with a matchbox for hours.
John puede pasarse horas sentado jugando con una caja de cerillas.

It's so annoying, he will keep interrupting! (especial énfasis sobre «will» al hablar)
¡Resulta molesto, no deja de interrumpir!

The car won't start.
El coche no arranca (por más que lo intento).

Well, if you will drive so fast, what do you expect?
Bueno, ¿si te empeñas en conducir tan rápido qué te esperabas?

De la misma forma se utiliza **would** cuando se hace referencia al pasado.

When he was little, John would sit playing with a matchbox for hours.
Cuando era pequeño, John podía pasarse horas sentado jugando con una caja de cerillas.

'She created a scene in public.' - 'She would!'
«Montó una escena en público.» - «¡Le iba mucho hacerlo!»

7) Para hacer propuestas:

Will you have another cup?
¿Quieres otra taza?

Won't you try some of these?
¿No quieres probar alguno de estos?

8) Para pedir a alguien que haga algo:

Will you move your car, please?
¿Le importaría mover el coche?

Se puede hacer la misma pregunta de forma algo más cortés:

Would you move your car, please?
¿Le importaría mover el coche, por favor?

9) Para expresar determinación:

I will not stand for this!   **I will be obeyed!**
¡No estoy dispuesto a soportar esto!   ¡A mí se me obedece!

b) *shall-should*

Las formas negativas contractas son **shan't-shouldn't**.

1) Para su uso en las oraciones condicionales ver pág. 183.

2) Para el uso de **should** como forma del subjuntivo ver pág. 190.

3) Para la expresión del futuro con **shall** ver pág. 178.

4) (**Shall** únicamente). En el lenguaje jurídico u oficial **shall** se emplea a menudo para expresar una obligación. Este sentido de **shall** es muy similar al de **must**:

The committee shall consist of no more than six members.
El comité deberá estar compuesto de no más de seis miembros.

The contract shall be subjected to English law.
El contrato se regirá por la ley inglesa.

5) (**Should** únicamente). Obligación (a menudo moral):

You should lose some weight.   **He shouldn't be allowed to.**
Deberías perder peso.   No debería permitírsele.

You really should see this film.
Francamente, deberías intentar ir a ver esta película.

Is everything as it should be?
¿Van las cosas como deben?

Something was not quite as it should be.
Había algo raro.

6) (**Should** únicamente). Deducción, probabilidad:

It's ten o'clock, they should be back any minute.
Son las diez. Deben de estar a punto de llegar.

John should have finished putting up those shelves by now.
John debe de haber terminado ya de fijar esos estantes.

Are they there? - I don't know, but they should be.
¿Están allí? - No sé, pero deben.

7) (**Should** únicamente). Afirmaciones con inseguridad:

I should just like to say that...
Sólo me gustaría decir que...

I should hardly think that's right.
No creo que eso sea verdad.

Will he agree? - I shouldn't think so.
¿Estará de acuerdo? - Yo no lo creo.

8) **Should** a menudo se emplea para hacer referencia a la **idea** (por oposición a la **realidad concreta**) de una acción. A menudo equivale a una suposición:

That she should want to take early retirement is quite understandable.
Sería comprensible que quisiera la jubilación anticipada.

Compárela con la siguiente:

It is quite understandable that she wanted to take early retirement.
Es comprensible que quisiera la jubilación anticipada.

La diferencia es que en el primer ejemplo se insiste en la suposición de que ella quiera la jubilación anticipada, mientras que en la segunda lo importante es que lo ha hecho.

Es importante tener en cuenta que este **should** no contiene información temporal alguna. El primero de los dos ejemplos que acabamos de ver podría hacer referencia tanto al pasado (**she has taken early retirement**) como al futuro (**she will take early retirement**) dependiendo del contexto. El segundo ejemplo no puede hacer referencia más que al pasado.

El uso de **should** en estas suposiciones puede compararse a su empleo después de construcciones o verbos impersonales que expresen sugerencias, deseos u órdenes; ya vimos éstos en el punto dedicado al subjuntivo, pág. 187.

En el ejemplo que vimos anteriormente **should** aparece en una proposición subordinada, pero también puede aparecer en proposiciones principales:

Where have I put my glasses? - How should I know?
¿Dónde he puesto mis gafas? - ¿Como lo voy a saber?

As we were sitting there, who should walk by but Joan Collins!
Estábamos sentados allí y adivina quien pasó delante... ¡Joan Collins!

There was a knock at the door, and who should it be but...
Llamaron a la puerta y ¿quién te creerás que era?...

c) *can-could*

Las formas negativas contractas de **can-could** son **can't-couldn't**. La forma negativa no contracta en presente es **cannot**.

1) capacidad (= be able to):

I can't afford it.　　　　**I can swim.**
No puedo permitirlo.　　　　Sé nadar.

When I was young, I could swim for hours.
Cuando era joven podía nadar durante horas.

El tercer ejemplo hace referencia a una capacidad en el pasado. Sin embargo, en las proposiciones condicionales **could** + infinitivo hace referencia al presente y al futuro (compárese con **would** en el punto **Para expresar condición**, pág. 184):

If you try/tried harder, you could lose weight.
Si te esforzaras más, podrías perder peso.

2) permiso:

Can/Could I have a sweet?
¿Puedo tomarme un caramelo?

Observe que al igual que **can**, **could** puede hacer referencia tanto al presente como al futuro. La única diferencia es que **could** es un tanto más cortés o vacilante. No obstante, a veces **could** se emplea para expresar permiso en el pasado cuando el contexto no deja lugar a dudas de que se trata de algo pasado:

For some reason we couldn't smoke in the lounge yesterday; but today we can.
Por alguna razón ayer no podíamos fumar en el salón, pero hoy sí podemos.

A menudo existe una ligera diferencia de sentido entre **can** y **may** cuando significan «tener permiso»; **can** es menos ceremonioso o formal que **may**.

3) posibilidad:

What shall we do tonight? - Well, we can/could watch a film.
¿Qué vamos a hacer esta noche? - Bueno, podríamos ver una película.

En este caso también es evidente que **could** no hace referencia al pasado, sino al presente o al futuro. Para hacer referencia al pasado debe emplearse **could** seguido del infinitivo pasado:

Instead of going to the pub we could have watched the film.
En vez de ir al pub podríamos haber visto la película.

I could have (could've) gone there if I'd wanted to, but I didn't.
Podría haber ido si hubiera querido, pero no quise.

A veces hay una diferencia importante entre **can** y **may** en la forma en que hacen referencia a la posibilidad: **can** a menudo expresa una posibilidad lógica pura y simple, mientras que con **may** se sobreentiende que el azar tiene cierta influencia:

(a) **Your comments can be overheard.**
Pueden oír tus comentarios.
(b) **Your comments may be overheard.**
Podrían oír tus comentarios.

En (a) la posibilidad reside en el hecho de que se hacen en voz alta, por ejemplo, independientemente de que haya alguien cerca y las oiga en realidad. Mientras que (b) simplemente se hace referencia a la posibilidad de que de una forma u otra puedan ser oídos.

En la forma negativa también podemos observar la diferencia:

He can't have heard us. (= it is impossible for him to have heard us)
No puede habernos oído.

He may not have heard us. (= it is possible that he did not hear us)
Puede que no nos haya oído.

4) sugerencias (**could** únicamente):

You could always try Marks & Spencers.
Siempre puedes probar en Marks & Spencers.

He could express himself more clearly.
¡Podría expresarse con mayor claridad!

Esta construcción a menudo se utiliza para hacer algún tipo de reproche:

You could have let us know!	**He could have warned us!**
¡Podrías habérnoslo dicho!	¡Podría habernos avisado!

d) *may-might*

La forma negativa contracta **mayn't** como expresión del permiso negativo, es decir, la prohibición, desaparece progresivamente y se ve reemplazada por **may not** o **must not/mustn't** e incluso **can't**. La forma negativa contracta de **might** es **mightn't**, pero no se emplea para expresar prohibición.

1) permiso:

You may sit down. (compárese con **can** en el punto c-2; en este caso se trata de un lenguaje más cuidado)
Puede sentarse.

May I open the window? - No, you may not!
¿Puedo abrir la ventana? - ¡De ninguna manera!

You must not/mustn't open the windows in here.
No debes abrir las ventanas aquí dentro.

El uso de **might** para expresar permiso es extremadamente cortés:

I wonder if I might have another small sherry?
¿Podría tomar otra copita de jerez?

Might I suggest we adjourn the meeting?
¿Podría sugerir que aplazáramos la reunión?

Observe que **might** hace referencia al presente y al futuro, y raramente hace referencia al pasado cuando se utiliza en una proposición principal. Compare los siguientes ejemplos:

He then asked if he might smoke. (lenguaje bastante cuidado)
He then asked if he was allowed to smoke.
Entonces preguntó si podía fumar.

y

He wasn't allowed to smoke.
No podía fumar (no tenía permiso para hacerlo).

En el último ejemplo no puede utilizarse **might**. No puede emplearse **might** con un valor de pasado en una proposición principal más que en algunos casos especiales:

In those days we were told not to drink; nor might we smoke or be out after 10 o'clock.
En aquellos días no nos dejaban beber; tampoco podíamos fumar o volver después de las diez.

Una forma más corriente, menos literaria, de formular esta oración sería:

In those days we were told not to drink; nor were we allowed to smoke or be out after 10 o'clock.

2) posibilidad:

It may/might rain.   **They may/might be right.**
Puede que llueva.   Puede que lleven razón.

It mayn't/mightn't be so easy as you think.
Puede que no sea tan fácil como pensáis.

She may/might have left already.
Puede que ya se haya marchado.

Might generalmente expresa un grado menor de posibilidad. Fíjese en la siguiente expresión:

And who may/might you be?
¿Pero quién te crees que eres?

En la que el uso de **may/might** da un cierto tono de sorpresa, gracia o enfado en la pregunta:

And who *may/might* you be to give out orders?
¿Pero quién te crees que eres para dar órdenes?

3) Observe el empleo de **might** para hacer sugerencias:

You might help me dry the dishes.
Podrías ayudarme a secar los platos.

Well, you might at least try!
Bueno, al menos podrías intentarlo.

You might have a look at chapter 2 for next Wednesday.
Podríais echar un vistazo al capítulo 2 para el miércoles que viene.

He might be a little less abrupt.
Podría ser algo menos brusco.

Este uso de **might** a menudo tiene un toque de reproche:

You might have warned us what would happen!
¡Podrías habernos prevenido de lo que iba a pasar!

4) deseos:

May the best man win!
¡Que gane el mejor!

May you be forgiven for telling such lies!
¡Que Dios te perdone por decir esas mentiras!

Might I be struck dumb if I tell a lie!
¡Que me trague la tierra si digo una mentira!

Este uso generalmente queda reservado a expresiones hechas y consagradas por la tradición (como es el caso en los dos primeros ejemplos) o considerada como perteneciente a un estilo bastante pomposo y literario (como el último ejemplo).

e) *must-had to*

1) obligación:

You must try harder.
Tienes que hacer mayor esfuerzo.

We must park the car here and walk the rest of the way.
Tenemos que aparcar el coche aquí y hacer a pie lo que nos queda.

Observe que para el pasado se emplea **had to**. **Must** no puede emplearse para el pasado más que en el estilo indirecto, e incluso en ese caso es más corriente utilizar **had to**:

You said the other day that you had to/must clean out the garden shed.
El otro día dijiste que tenías que hacer limpieza en la caseta del jardín.

En un lenguaje menos cuidado también puede emplearse **have to**, o **have got to**, para el presente. La diferencia entre **must** y **have (got) to** reside generalmente en que **must** hace hincapié en el sentimiento personal de obligación, mientras que **have (got) to** expresa una obligación que viene del exterior. Compare los siguientes ejemplos:

I must go and visit my friend in hospital.
Tengo que ir a visitar a mi amigo en el hospital. (= creo que es necesario que lo haga)

You must go and visit your friend in hospital.
Tienes que ir a visitar a tu amigo en el hospital. (= creo que es necesario que lo hagas)

I have (got) to be at the hospital by 4 pm.
Tengo que estar en el hospital antes de las cuatro. (= la cita o la hora de visita ha sido fijada para antes de esa hora)

2) negaciones:

Los giros negativos requieren especial atención. **Must not/ mustn't** no pueden utilizarse más que para expresar prohibición (= la obligación de no hacer algo):

We mustn't park the car here. (= we're not allowed to park here)
No debemos aparcar el coche aquí. (= está prohibido)

You mustn't take so many pills. (= do not take so many pills)
No debes tomar tantas píldoras.

Pero si lo que queremos decir no es que algo esté prohibido, sino que no hay obligación de hacerlo, utilizaremos **don't have to** o **haven't got to**:

We don't have to park here, we could always drive a little further.
No tenemos por qué aparcar aquí, podemos avanzar un poco más.

You don't have to take so many pills. (= you needn't take...)
No tienes por qué tomar tantas píldoras.

We haven't got to be there before 9.
No hay necesidad de estar allí antes de las nueve.

3) deducción, probabilidad:

If they're over 65, they must be old age pensioners.
Si tienen más de sesenta y cinco años deben de ser jubilados.

You must be joking!
¡Tú estás de broma!

They must have been surprised to see you.
Debe de haberles sorprendido verte.

En este sentido a menudo se emplea **have to**:

You have to be kidding!
¡No hablas en serio!

y de la misma forma **have got to**; en inglés británico en particular:

Well, if she said so, it's got to be true. (it's = it has)
Bueno, si ella lo ha dicho, será verdad.

En la forma negativa se emplea **can**:

He can't be that old!
¡No puede ser tan viejo!

f) *ought to*

La forma negativa contracta de **ought to** es **oughtn't**, y el infinitivo que aparece después siempre va precedido del **to** (lo que no ocurre con ningún otro de los auxiliares modales).

1) obligación:

Para la expresión de la obligación **ought to** y **should** tienen un significado similar:

You oughtn't to speak to him like that.
No deberías hablarle así.

I ought to be going now.
Debería irme ya.

I know I really ought (to), but I don't want to.
Sé que realmente debería hacerlo, pero no quiero.

2) deducción, probabilidad:

They ought to have reached the summit by now.
Ya deberían haber alcanzado la cima.

20 square metres? - That ought to be enough.
¿Veinte metros cuadrados? - Con eso debería bastar.

Compare la diferencia entre **ought to** y **must** en la oración siguiente:

If they possess all these things, they must be rich. (deducción lógica)
Si tienen todas esas cosas, deben de ser ricos.

If they possess all these things, they ought to be happy. (probabilidad u obligación moral)
Deberían ser felices si tienen todas esas cosas.

g) *used to*

Dado que es posible hacer oraciones interrogativas y negativas con **used to** sin necesidad de emplear el auxiliar **do** muchos consideran este verbo como una especie de semiauxiliar. Sin embargo el uso del auxiliar **do** es posible, y de hecho, ambas formas se emplean con la misma frecuencia:

He used not/usedn't to visit us so often.
He didn't use to visit us so often.
No solía visitarnos/nos visitaba tan a menudo.

En las oraciones interrogativas la forma sin **do** es menos corriente y representa más al lenguaje escrito que al hablado:

Used you to live abroad?
Did you use to live abroad?
¿Acostumbrabas a vivir/vivías en el extranjero?

Frecuentemente se utiliza **never** en vez de **not**:

He never used to visit us so often.
Nunca solía visitarnos/nos visitaba tan a menudo.

Used to expresa una acción habitual en el pasado, pero sin por ello dar la idea de que se trate de un comportamiento típico o característico (para el que se utilizaría **would**; ver el punto a-4):

John used to play badminton when he was younger.
John jugaba al badminton cuando era más joven.

I used to live abroad.
Vivía en el extranjero.

Do you smoke? - I used to.
¿Fumas? - Fumaba (= ya no)

19   DARE, NEED

Estos verbos pueden funcionar como verbos léxicos normales o como auxiliares modales. Cuando son auxiliares:

- no toman la **-s** en la tercera persona del singular del presente,
- no se emplea **do** para formar la negativa o la interrogativa,
- si les sigue un infinitivo, éste no va precedido de **to**.

a) *Como verbos normales*

He didn't dare to speak.
No se atrevía a hablar.

Does he really dare to talk openly about it?
¿Se atreve a hablar de ello abiertamente?

I dare you.
Te desafío.

He needs some money.
Necesita algo de dinero.

You don't need to pay for them now.
No necesitas pagarlas ahora.

All he needs to do now is buy the tickets.
Lo único que necesita hacer ahora es comprar los billetes.

Pero **dare** puede funcionar parcialmente como verbo normal (p.ej. con **do** en las oraciones interrogativas y negativas) y como verbo auxiliar (seguido de un infinitivo sin **to**):

Does he really dare talk openly about it?
¿Se atreve a hablar de ello abiertamente?

pero debe emplearse el infinitivo con **to** tras el participio presente:

Not daring to speak to her, he quietly left the room.
Sin atreverse a dirigirle la palabra, salió silenciosamente del cuarto.

En las proposiciones **principales** en forma afirmativa **need** sólo puede funcionar como verbo normal:

The child needs to go to the toilet.
El niño necesita ir al lavabo.

b) *Como auxiliares modales*

> **He dared not speak.**
> No se atrevía a hablar.

> **Dare he talk openly about it?**
> ¿Se atreve a hablar de ello abiertamente?

> **This is as much as I dare spend on it.**
> Esto es todo lo que me atrevo a gastarme.

> **You needn't pay for them right now.**
> No tienes por qué pagarlas inmediatamente.

> **Need I pay for this now?**
> ¿Tengo que pagarlo ahora?

> **All he need do now is buy the tickets.**
> Lo único que necesita hacer ahora es comprar los billetes.

Observe el significado de **I dare say** (= «probablemente»)

> **I dare say he's going to fall.**
> Probablemente se va a caer.

> **It's going to rain, don't you think? - I dare say it will.**
> Va a llover, ¿no lo crees? - Probablemente.

20 VERBOS CON PARTÍCULA

a) *Verbos con partícula inseparable*

1) Es importante distinguir entre los «verbos + complemento preposicional» (ejemplos (a) y (c)) y un «verbo con partícula + complemento directo» (ejemplos (b) y (d)). En este último caso tenemos una preposición que funciona como partícula perteneciente al verbo; es como una prolongación del verbo. Compare las oraciones siguientes:

(a) **They danced after dinner.**
    Bailaron después de la cena.

(b) **They looked after the child.**
    Cuidaron del niño.

A primera vista las dos oraciones parecen tener la misma estructura, pero en realidad las dos palabras **look after** forman una unidad verbal (compare con la oración: **they nursed the child**, cuidaron del niño), mientras que no ocurre lo mismo con **danced** after. **After dinner** es un complemento preposicional sin relación estrecha con el verbo, en función adverbial de tiempo, mientras que **the child** es el complemento directo de **look after**. En los dos ejemplos siguientes podemos apreciar la misma diferencia:

(c) **They went through Germany.**
Pasaron por Alemania.

(d) **They went through the accounts.** (= examined)
Revisaron las cuentas.

2) **Look after** (cuidar de) y **go through** (revisar) son verbos con partícula. Estos verbos con frecuencia tienen un significado de difícil deducción si nos basamos en los elementos que lo componen, pues éstos pocas veces pueden traducirse literalmente. Veamos otros ejemplos:

go by (= seguir las instrucciones de)
pick on (= buscar las vueltas a)
get at (= estar encima de, sobornar)

You can't do your own thing; you have to go by the book.
No puedes hacerlo como te plazca, tienes que seguir las instrucciones del libro.

The teacher's always picking on him.
El profesor siempre está buscándole las vueltas.

My mother is always getting at me.
Mi madre siempre está encima de mí.

I'm sure the jury have been got at.
Estoy seguro de que han sobornado al jurado.

3) Hay algunas estructuras que son posibles en el caso de verbos + complemento preposicional y que en ningún caso se pueden dar cuando se trata de verbos con partícula. Por ejemplo, las oraciones interrogativas con verbos con partícula admiten el uso de los pronombres **who** y **what**, pero no de los adverbios **where, when, how**:

They looked after the girl./Who(m) did they look after?
Cuidaron de la chica./¿De quién cuidaron?

They went through the accounts./What did they go through?
Revisaron las cuentas./¿Qué revisaron?

The police officer grappled with the thug./Who(m) did he grapple with?
El policía luchó con el gamberro./¿Con quién luchó?

Pero las preguntas: where did they look?/where did they go?/ how (o where) did he grapple? no tienen sentido. Por el contrario los verbos + complemento preposicional admiten a menudo oraciones interrogativas introducidas por un adverbio:

They worked with great care./How did they work?
Trabajaron con mucho cuidado./¿Cómo trabajaron?

They danced after dinner./When did they dance?
Bailaron después de la cena./¿Cuándo bailaron?

4) Cuando un verbo es considerado como una unidad puede ser empleado a menudo (aunque no siempre) en una construcción pasiva:

The child has been looked after very well indeed.
Han cuidado realmente bien del niño.

The accounts have been gone through.
Las cuentas han sido revisadas.

Do you feel you're being got at?
¿Tienes la sensación de que están encima de ti?
Sin embargo no podrían hacerse oraciones pasivas con verbos + complemento preposicional. No podríamos decir the dinner was danced after o great care has been worked with.

b) *Verbos con partícula separable*

1) Una diferencia importante entre los verbos con partícula inseparable y los verbos con partícula separable es que estos últimos admiten la posibilidad de situar un complemento directo delante de la partícula:

Look up these words./Look these words up.
Busca estas palabras (en el diccionario).

Turn down the television./Turn the television down.
Baja (el volumen de) la televisión.

Have you switched on the computer?/Have you switched the computer on?
¿Has conectado el ordenador?

Have you tried on any of their new line of shoes?/Have you tried any of their new line of shoes on?
¿Te has probado alguno de sus nuevos modelos de zapatos?

Si el complemento directo es un pronombre siempre aparecerá delante de la partícula:

look them up/turn it down/switch it on
búscalas/bájala/conéctalo

2) Mientras que todos los verbos con partícula inseparable son transitivos (cuando se les considera como una unidad), algunos verbos con partícula separable son siempre transitivos, pero otros pueden ser transitivos o intransitivos:

back up (= apoyar; solamente transitivo)
He always backs her up.
Siempre la apoya.

cool down (= enfriar; transitivo)
Cool the rolls down in the fridge.
Enfría los panecillos poniéndolos en la nevera.

cool down (= enfriarse; intransitivo)
Let the rolls cool down.
Deja que se enfríen los panecillos.

3) Con los verbos con partícula separable, la partícula no puede preceder a un pronombre relativo, mientras que con los verbos con partícula inseparable ésta es la única posibilidad. Así pues diremos:

This is a man on whom you can rely.
Es un hombre con quien puedes contar.

pues la partícula de rely on es inseparable, mientras que en ningún caso se diría:

This is his wife up whom he has always backed.
pues la partícula de back up es separable.

4) Al igual que ocurría con los verbos con partícula inseparable (ver el punto a-2), hay numerosos verbos con partícula separable cuyo significado es prácticamente imposible de deducir:

square up (= hacer cuentas)
bring round (= hacer recobrar el conocimiento, hacer cambiar de opinión)
set back (= costar)

VERBOS

> **If you pay now, we can square up later.**
> Si pagas ahora, podemos hacer cuentas después.
>
> **Do you think anything will bring him round to our point of view.**
> ¿Crees que algo le hará comprender nuestro punto de vista?
>
> **That car must have set you back at least £10,000.**
> Ese coche debe haberte costado por lo menos diez mil libras.

c) *Verbos con partícula únicamente intransitivos*

También hay verbos con partícula intransitivos (la partícula nunca es separable):

> **Poor people often lose out.**
> A menudo los pobres son los que salen perdiendo.
>
> **The entire species is on the verge of dying out.**
> La especie entera está al borde de la extinción.

A diferencia de los verbos con partícula inseparable, estos verbos nunca se utilizan en voz pasiva.

d) *Verbos con partícula inseparable, transitivos y seguidos del complemento*

Estos verbos están formados por tres palabras, no por dos:

> **come up with**
> encontrar, proponer

Ningún complemento puede separar al verbo de sus partículas en este caso, es decir sería imposible decir **have you come it up with?** El complemento directo siempre aparece después de la última partícula:

> **We've come up with a great solution.**
> Hemos encontrado una solución ideal.

Tampoco podrán preceder ambas partículas a un pronombre relativo. Así pues diremos:

> **Is there anything else (which) you can come up with?**
> ¿Se te ocurre alguna otra cosa?

Pero NUNCA se situarán las dos partículas delante de un pronombre relativo, como en **is there anything else up with which you can come?**

Otros ejemplos de verbos con partícula inseparable, transitivos y seguidos del complemento son:

make off with (robar)

live up to (vivir como corresponde a)
stand up for (tomar partido por)
crack down on (tomar medidas contra)

Somebody made off with her suitcase.
Alguien le robó la maleta.

It was difficult for him to live up to his reputation.
Le era difícil vivir como correspondía a su reputación

Why didn't you stand up for me if you knew I was right?
¿Por qué no tomaste partido por mí si sabías que llevaba razón?

Every Christmas police crack down on drink-and-drive offenders.
Todas las Navidades la policía toma medidas contra los conductores bajo los efectos del alcohol.

21 LOS TIEMPOS EN EL ESTILO INDIRECTO

El estilo indirecto nos permite dar cuenta de lo que ha dicho otra persona. La concordancia de tiempos en estilo indirecto en inglés viene a ajustarse a las normas que sigue el castellano:

Henry said/had said, 'I am unhappy' (estilo directo)
Henry dijo/había dicho: "no soy feliz".

Henry said/had said (that) he was unhappy. (estilo indirecto)
Henry dijo/había dicho que no era feliz.

22 LISTA DE VERBOS IRREGULARES

Indicamos con un asterisco (*) los americanismos. Entre paréntesis aparecen las formas poco corrientes, arcaicas o literarias. La traducción que se hace de cada verbo no es la única y es el significado que tiene con mayor frecuencia.

infinitivo		pretérito	participio pasado
abide	*(soportar)*	(abode)[1]	abided
arise	*(surgir)*	arose	arisen
awake	*(despertarse)*	awoke, awaked	awoken
bear	*(llevar)*	bore	borne[2]
beat	*(golpear)*	beat	beaten[3]
become	*(hacerse)*	became	become
befall	*(llegar)*	befell	befallen
beget	*(engendrar)*	begot	begotten
begin	*(empezar)*	began	begun
behold	*(advertir)*	beheld	beheld
bend	*(doblar)*	bent	bent[4]
bereave	*(privar)*	bereaved	bereft[5]
beseech	*(implorar)*	besought	besought
bestride	*(cabalgar)*	bestrode	bestridden
bet	*(apostar)*	bet, betted	bet, betted
bid	*(ofrecer)*	bade	bidden
bind	*(unir)*	bound	bound
bite	*(morder)*	bit	bitten
bleed	*(sangrar)*	bled	bled
blow	*(soplar)*	blew	blown
break	*(romper)*	broke	broken[6]
breed	*(criar)*	bred	bred
bring	*(traer)*	brought	brought
broadcast	*(retransmitir)*	broadcast	broadcast
build	*(construir)*	built	built
burn	*(quemar)*	burnt, burned	burnt, burned
burst	*(estallar)*	burst	burst
buy	*(comprar)*	bought	bought
cast	*(tirar)*	cast	cast
catch	*(coger)*	caught	caught
chide	*(regañar)*	chid, chided	chid, (chidden), chided
choose	*(elegir)*	chose	chosen
cleave	*(hender)*	clove, cleft	cloven, cleft[7]
cleave	*(adherirse)*	cleaved, (clave)	cleaved

cling	(agarrarse)	clung	clung
clothe	(vestir)	clothed, (clad)	clothed, (clad)
come	(venir)	came	come
cost	(costar)	cost	cost
creep	(arrastrarse)	crept	crept
crow	(cacarear)	crowed, (crew)	crowed
cut	(cortar)	cut	cut
dare	(atreverse)	dared, (durst)	dared, (durst)
deal	(tratar)	dealt	dealt
dig	(cavar)	dug	dug
dive	(zambullirse)	dived, dove*	dived
draw	(dibujar, tirar)	drew	drawn
dream	(soñar)	dreamt, dreamed	dreamt, dreamed
drink	(beber)	drank	drunk[8]
drive	(conducir)	drove	driven
dwell	(habitar)	dwelt, dwelled	dwelt, dwelled
eat	(comer)	ate	eaten
fall	(caer)	fell	fallen
feed	(alimentar)	fed	fed
feel	(sentir)	felt	felt
fight	(luchar)	fought	fought
find	(encontrar)	found	found
fit	(sentar)	fit*, fitted	fit*, fitted
flee	(huir)	fled	fled
fling	(lanzar)	flung	flung
fly	(volar)	flew	flown
forbear	(abstenerse)	forbore	forborne
forbid	(prohibir)	forbad(e)	forbidden
forget	(olvidar)	forgot	forgotten
forgive	(perdonar)	forgave	forgiven
forsake	(abandonar)	forsook	forsaken
freeze	(congelar)	froze	frozen
get	(conseguir)	got	got, gotten*[9]
gild	(dorar)	gilt, gilded	gilt, gilded[10]
gird	(rodear)	girt, girded	girt, girded[10]
give	(dar)	gave	given
go	(ir)	went	gone
grind	(moler)	ground	ground
grow	(crecer)	grew	grown
hang	(colgar)	hung, hanged[11]	hung, hanged[11]
hear	(oír)	heard	heard

heave	(alzar)	hove, heaved[12]	hove, heaved[12]
hew	(tallar)	hewed	hewn, hewed
hide	(esconder)	hid	hidden
hit	(golpear)	hit	hit
hold	(mantener)	held	held
hurt	(dañar)	hurt	hurt
keep	(mantener)	kept	kept
kneel	(arrodillarse)	knelt, kneeled	knelt, kneeled
knit	(hacer punto)	knit, knitted[13]	knit, knitted[13]
know	(saber, conocer)	knew	known
lay	(poner, extender)	laid	laid
lead	(guiar)	led	led
lean	(apoyarse)	leant, leaned	leant, leaned
leap	(saltar)	leapt, leaped	leapt, leaped
learn	(aprender)	learnt, learned	learnt, learned
leave	(abandonar, partir)	left	left
lend	(prestar)	lent	lent
let	(dejar)	let	let
lie	(yacer)	lay	lain
light	(encender)	lit, lighted	lit, lighted[14]
lose	(perder)	lost	lost
make	(hacer)	made	made
mean	(significar)	meant	meant
meet	(encontrar)	met	met
melt	(derretirse)	melted	melted, molten[15]
mow	(segar)	mowed	mown, mowed
pay	(pagar)	paid	paid
plead	(implorar)	ple(a)d*, pleaded	ple(a)d*, pleaded[16]
put	(poner)	put	put
quit	(dejar)	quit, (quitted)	quit, (quitted)[17]
read	(leer)	read	read
rend	(rajar)	rent	rent
rid	(librar)	rid, (ridded)	rid
ride	(montar a)	rode	ridden
ring	(sonar)	rang	rung
rise	(alzarse)	rose	risen
run	(correr)	ran	run
saw	(serrar)	sawed	sawn, sawed
say	(decir)	said	said
see	(ver)	saw	seen
seek	(buscar)	sought	sought

sell	(vender)	sold	sold
send	(enviar)	sent	sent
set	(colocar)	set	set
sew	(coser)	sewed	sewn, sewed
shake	(sacudir)	shook	shaken
shear	(esquilar, podar)	sheared	shorn, sheared[18]
shed	(despojarse)	shed	shed
shine	(brillar)	shone[19]	shone[19]
shoe	(calzar)	shod, shoed	shod, shoed[20]
shoot	(disparar)	shot	shot
show	(mostrar)	showed	shown, showed
shrink	(encoger)	shrank, shrunk	shrunk, shrunken[21]
shut	(cerrar)	shut	shut
sing	(cantar)	sang	sung
sink	(hundir)	sank	sunk, sunken[22]
sit	(sentarse)	sat	sat
slay	(matar)	slew	slain
sleep	(dormir)	slept	slept
slide	(deslizarse)	slid	slid
sling	(colgar)	slung	slung
slink	(escabullirse)	slunk	slunk
slit	(partir)	slit	slit
smell	(oler)	smelt, smelled	smelt, smelled
smite	(golpear)	smote	smitten[23]
sneak	(colarse)	snuck*, sneaked	snuck*, sneaked
sow	(sembrar)	sowed	sown, sowed
speak	(hablar)	spoke	spoken
speed	(ir de prisa)	sped, speeded	sped, speeded
spell	(deletrear)	spelt, spelled	spelt, spelled
spend	(gastar)	spent	spent
spill	(derramar)	spilt, spilled	spilt, spilled
spin	(girar)	spun	spun
spit	(escupir)	spat, spit*	spat, spit*
split	(dividirse)	split	split
spoil	(estropear)	spoilt, spoiled	spoilt, spoiled
spread	(extender)	spread	spread
spring	(saltar)	sprang	sprung
stand	(estar de pie)	stood	stood
steal	(robar)	stole	stolen
stick	(fijar)	stuck	stuck

sting	*(picar)*	stung	stung
stink	*(apestar)*	stank	stunk
strew	*(esparcir)*	strewed	strewn, strewed
stride	*(ir a zancadas)*	strode	striden
strike	*(golpear)*	struck	struck, stricken[24]
string	*(enristrar)*	strung	strung
strive	*(esforzarse)*	strove	striven
swear	*(jurar)*	swore	sworn
sweat	*(sudar)*	sweat*, sweated	sweat*, sweated
sweep	*(barrer)*	swept	swept
swell	*(inflarse)*	swelled	swollen, swelled[25]
swim	*(nadar)*	swam	swum
swing	*(balancearse)*	swung	swung
take	*(tomar)*	took	taken
teach	*(enseñar)*	taught	taught
tear	*(desgarrar)*	tore	torn
tell	*(contar)*	told	told
think	*(pensar)*	thought	thought
thrive	*(prosperar)*	thrived, (throve)	thrived, (thriven)
throw	*(tirar)*	threw	thrown
thrust	*(empujar)*	thrust	thrust
tread	*(pisar)*	trod	trodden
understand	*(comprender)*	understood	understood
undertake	*(emprender)*	undertook	undertaken
wake	*(despertarse)*	woke, waked	woken, waked
wear	*(vestir)*	wore	worn
weave	*(tejer)*	wove[26]	woven[26]
weep	*(llorar)*	wept	wept
wet	*(mojar)*	wet*, wetted[27]	wet*, wetted[27]
win	*(ganar)*	won	won
wind	*(enrollar, dar cuerda a)*	wound	wound
wring	*(retorcer)*	wrung	wrung
write	*(escribir)*	wrote	written

(1) Regular en la construcción **abide by** «cumplir con»: **They abided by the rules.**

(2) Pero en la voz pasiva o como adjetivo es **born** (= nacido): **He was born in France./A born gentleman.**

(3) Fíjese en esta expresión coloquial: **This has me beat./You have me beat there.** El significado es «*No me entra en la cabeza./Me has pillado* (poniéndome en una situación difícil)». También es frecuente **beat** con el significado de «muy fatigado, muerto»: **I am (dead) beat.**

(4) Tenga en cuenta esta expresión: **on one's bended knees** (*de rodillas*).

(5) Pero **bereaved** cuando significa «la consternada/desconsolada familia», como en el siguiente ejemplo: **The bereaved received no compensation** (*La desconsolada familia no recibió ningún tipo de compensación*). Compare: **He was bereft of speech** (*perdió la palabra*).

(6) Pero es **broke** cuando se trata de un adjetivo (= «arruinado»): **I'm broke.**

(7) **Cleft** sólo se utiliza cuando significa «partido en dos». Observe las expresiones **cleft palate** (*fisura palatina*) y **(to be caught) in a cleft stick** (*(estar) entre la espada y la pared*), pero **cloven foot/hoof** (*pezuña hendida*).

(8) Cuando funciona como adjetivo precediendo al nombre a veces se utiliza **drunken** (= borracho), p.ej. **a lot of drunken people** (= *un montón de gente ebria*) y **siempre deberá** emplearse delante de los nombres que se refieran a objetos inanimados: **one of his usual drunken parties** (= una de sus habituales fiestas para beber).

(9) Pero en inglés americano también se dice **have got to** con el sentido de «tener que, deber»: **a man has got to do what a man has got to do**, *un hombre debe hacer lo que debe hacer*. Compare con: **she has gotten into a terrible mess**, *se ha metido en un jaleo terrible*.

(10) Las formas **gilt** y **gird** del participio pasado se emplean con bastante frecuencia en la función de adjetivo antepuesto al nombre: **gilt mirrors** *espejos dorados*, **a flower-gilt grave** una tumba rodeada de flores (pero siempre se dice **gilded youth**, *la juventud dorada*, en el que **gilded** viene a significar «rico y feliz»).

(11) Es regular cuando significa «ahorcar».

(12) **Hove** se emplea en el lenguaje de la navegación, como en la expresión **heave into sight: just then Mary hove into sight,** *justo en ese momento divisamos a Mary.*

(13) Es irregular cuando tiene el sentido de «unir» (a close-knit family, *una familia unida*), pero regular cuando lo que quiere decir es «hacer punto», y cuando hace referencia a los huesos, «soldarse».

(14) Cuando el participio pasado se emplea como adjetivo delante del nombre generalmente se prefiere **lighted** a **lit**: a lighted match, *una cerilla encendida* (sin embargo: the match is lit, she has lit a match, *la cerilla está encendida, ha encendido una cerilla*). En los nombres compuestos generalmente se emplea **lit**: well-lit streets *calles bien iluminadas*. En sentido figurado (con **up**) **lit** únicamente se emplea en pasado o participio pasado: her face lit up when she saw me, *se le iluminó la cara cuando me vio*.

(15) **Molten** sólo se emplea en función de adjetivo antepuesto a un nombre, y sólo cuando significa «fundido a alta temperatura», p.ej.: **molten lead**, *plomo fundido* (pero **melted butter**, *mantequilla fundida*).

(16) En las variedades escocesa y americana se emplea **pled** en pasado y participio pasado.

(17) En inglés americano las formas regulares no se emplean, y cada vez son menos frecuentes en inglés británico.

(18) Cuando el participio pasado antecede a un nombre generalmente su forma es **shorn** (newly-shorn lambs, *corderos recién esquilados*) y siempre es así en la expresión **(to be) shorn of**, (estar) privado de: **shorn of his riches he was nothing**, *privado de sus riquezas no era nada*.

(19) Es regular cuando tiene el sentido de «lustrar, sacar brillo» en inglés americano.

(20) En función de adjetivo se emplea **shod**: a well-shod foot, *un pie bien calzado*.

(21) **Shrunken** se utiliza sólo cuando funciona como adjetivo: **shrunken limbs/her face was shrunken**, *sus miembros estaban encogidos/ tenía la cara arrugada*.

(22) **Sunken** sólo se emplea en función de adjetivo: **sunken eyes**, *ojos hundidos*.

(23) Es un verbo arcaico cuyo participio pasado, **smitten**, todavía se emplea como adjetivo: **he's completely smitten with her**, *está totalmente loco por ella*.

(24) **Stricken** sólo se utiliza en sentido figurado (a stricken family/ stricken with poverty, *una familia afligida, destrozada por la*

pobreza). Es muy corriente en los nombres compuestos con el significado de «destrozado por»: **poverty-stricken, fever-stricken, horror-stricken** (también **horror-struck**), pero siempre se dice **thunderstruck,** *atónito.* Una expresión americana es **the remark was stricken from the record,** *el comentario fue eliminado del acta.*

(25) **Swollen** es más corriente que **swelled** como verbo (**her face has swollen,** *se le ha hinchado la cara*) y como adjetivo (**her face is swollen/a swollen face**). **A swollen head,** *un engreído,* se utiliza para los que tienen un alto concepto de sí mismos, pero en inglés americano es **a swelled head.**

(26) Pero es regular cuando significa «abrirse paso, zigzaguear»: **the motorbike weaved elegantly through the traffic,** *la moto zigzagueó elegantemente a través del tráfico.*

(27) En inglés británico es irregular cuando tiene el sentido de «orinarse en»: **he wet his bed again last night,** *volvió a orinarse en la cama anoche.*

23 LOS AUXILIARES *BE, HAVE, DO:* FORMAS

a) *be*

presente	*pasado*	*participio pasado*
1ª I am	*1ª* I was	been
2ª you are	*2ª* you were	
3ª he/she/it is	*3ª* he/she/it was	
1ª we are	*1ª* we were	
2ª you are	*2ª* you were	
3ª they are	*3ª* they were	

Formas contractas con la palabra que les antecede:

> **I'm = I am; you're = you are; he's/John's = he is/John is; we're/you're/they're = we are/you are/they are**

Contracción con **not:**

> **aren't I?** (sólo en interrogativas); **am I not?; you/we/they aren't; he isn't; I/he wasn't; you/we/they weren't.**

También se puede decir: **I'm not; you're not,** etc. En lo referente al subjuntivo ver la pág. 187.

b) *have*

presente	*pasado*	*participio pasado*
1ª I have	*1ª* I had	had
2ª you have	*2ª* you had	
3ª he/she/it has	*3ª* he/she/it had	
1ª we have	*1ª* we had	
2ª you have	*2ª* you had	
3ª they have	*3ª* they had	

Formas contractas con la palabra que les antecede:

I've/you've/we've/they've = I have, etc. he's = he has
I'd/you'd/he'd/we'd/they'd = I had, etc.

Observe que en tanto que el verbo no funcione como auxiliar, sino como verbo léxico normal, las contracciones he's/she's no son tan frecuentes:

I've two cars.	He has two cars.
Tengo dos coches.	Tiene dos coches.

Contracción con **not**:

haven't; hasn't; hadn't.

c) *do*

presente	*pasado*	*participio pasado*
1ª I do	*1ª* I did	done
2ª you do	*2ª* you did	
3ª he/she/it does	*3ª* he/she/it did	
1ª we do	*1ª* we did	
2ª you do	*2ª* you did	
3ª they do	*3ª* they did	

Contracción con **not**:

don't; doesn't; didn't.

14 LAS PREPOSICIONES

1 Las preposiciones sirven para expresar relaciones de tiempo, espacio, posesión etc. Generalmente les sigue un nombre o un pronombre, como en los siguientes ejemplos:

after - after the show	después del espectáculo
on - on it	encima
of - of London	de Londres

No obstante, en algunas construcciones las preposiciones inglesas pueden colocarse al final de una proposición:

The people I came here with.
La gente con la que vine.

Something I had never dreamed of.
Algo con lo que nunca había soñado.

Ver también **los verbos con partícula**, pág. 214 y **los pronombres interrogativos** y **relativos**, págs. 113-116.

2 A continuación encontrará una lista de las preposiciones de uso más corriente. Dado que la mayoría de las preposiciones tienen gran variedad de significados y de usos sólo se mencionan los más importantes y los especialmente susceptibles de causar problemas a los que aprenden esta lengua.

* about y around

1) «Lugar» (en los alrededores, en todos los sentidos):
A menudo no hay diferencia entre **about** y **around**, aunque en inglés americano se prefiera **around**:

They walked about/around town.
Pasearon por la ciudad.

He must be about/around somewhere.
Tiene que estar por alguna parte.

The dog was racing about/around in the garden.
El perro corría de un lado a otro por el jardín.

2) «A la vuelta de», «alrededor de»:

>   **He lives just (a)round the corner.**
>   Vive justo a la vuelta de la esquina.

>   **She put the rope (a)round his chest.**
>   Se puso la cuerda alrededor del pecho.

3) «Aproximadamente, unos-as»:

>   **I have about £1 on me.**
>   Llevo encima aproximadamente una libra.

>   **It'll cost you around £20.**
>   Te costará unas veinte libras.

4) «Sobre, acerca de» (sólo **about**):

>   **What's the book about? - It's a story about nature.**
>   ¿De qué trata el libro? - Es una historia sobre la naturaleza.

>   **on** es para algo más técnico, más académico:

>   **He gave a paper on Verdi and Shakespeare.**
>   Dio una conferencia sobre Verdi y Shakespeare.

>   **A book on English grammar.**
>   Un libro sobre gramática inglesa.

* **above** (por encima de)

Compare **above** con **over**, en general hay poca diferencia entre las dos:

>   **He has a lovely mirror above/over the mantelpiece.**
>   Tiene un espejo precioso por encima de la chimenea.

Pero **above** expresa generalmente el hecho simple de <u>estar</u> situado «por encima de», en un sentido puramente físico:

>   **The shirts had been placed in the wardrobe above the socks and the underwear.**
>   Las camisas habían sido colocadas en el armario, por encima de los calcetines y la ropa interior.

pero:

>   **He flung his coat over a chair.**
>   Soltó su abrigo encima de una silla.

* **across** (a través de)

    Across y **over** tienen a menudo un significado muy parecido. Sin embargo **across** generalmente indica una dimensión horizontal (a lo largo de):

    He walked across the fields to the farm.
    Caminó a través de los campos hasta la granja.

    He laid out his suit across the bed.
    Extendió su traje a lo largo de la cama.

* **after** (después)

    1) En sentido figurado fíjese en la diferencia entre **ask after** y **ask for**:

        He asked after you.
        Me preguntó por ti. (cómo te iba)

        He asked for you.
        Preguntó por ti. (quería verte)

    2) En sentido figurado implica a veces un propósito:

        They keep striving after the happiness which eludes them.
        Continúan luchando por obtener la felicidad que se les escapa.

    3) En el sentido temporal podríamos comparar **after** y **since**. La diferencia entre los dos parece ser el uso de los tiempos: después de **after** utilizamos el pasado y con **since** el presente perfecto. Compare los siguientes ejemplos:

        He wasn't well after his journey.
        No estaba bien después de su viaje.

        He hasn't been well since his journey.
        No se encuentra bien desde su viaje.

    Ver también **to**:

        La misma diferencia existe sin verbo en la oración. Así hay gran diferencia entre:

        Britain after the war.
        Gran Bretaña después de la guerra.

        y

        Britain since the war
        Gran Bretaña desde la guerra.

* **against** (contra)

    1) Generalmente implica un obstáculo:

        They didn't fight against them, they fought with them.
        No lucharon contra ellos, lucharon con ellos.

        We're sailing against the current.
        Estamos navegando contra la corriente.

    2) Pero puede implicar un choque, como en:

        He knocked his head against the wall.
        Se golpeó la cabeza contra la pared.

    3) Para indicar el contraste con relación a un trasfondo:

        She held the picture against the wall.
        Mantuvo el cuadro contra la pared.

        She was silhouetted against the snow.
        Su silueta se dibujaba frente a la nieve.

* **among(st)** (entre)

    Mientras que **between** (entre) implica la existencia de dos puntos de referencia, **among(st)** se refiere a más de dos:

    He sat between John and Joan.   **He sat among(st) the flowers.**
    Se sentó entre John y Joan.   Se sentó entre las flores.

    Observe que con **between** no siempre se mencionan los dos elementos (aunque lo sean en el ejemplo que acabamos de ver). Sólo significa una situación entre dos cosas, dos personas o dos grupos. Así pues podremos decir:

    The road ran between the houses.
    La carretera transcurría entre las casas.

    aunque haya cientos de casas. Aquí lo que se deja claro es que la carretera divide las casas en dos grupos. Pero fíjese que diríamos:

    The cats were running to and fro among the houses.
    Los gatos corrían de un lado a otro por entre las casas.

    Aquí ya no se hace ninguna separación entre dos grupos de casas. Está claro que si sólo hubiese dos casas habría que decir:

    The cats were running to and fro between the houses.

* **at** (en)

Ver también **to**.

¿**At** o **in**?: **At** hace referencia a un punto preciso, (a menudo sobre una escala real o imaginaria). Así pues diríamos:

> **The big hand stopped at six o'clock.**
> La manecilla grande se paró a las seis.

o:

> **The train stops at Dundee, Edinburgh and York.**
> El tren para en Dundee, Edimburgo y York.

Estas ciudades no son consideradas como tales en el ejemplo anterior, sino como escalas de un itinerario. Pero diríamos:

> **He lives in Dundee.**
> Vive en Dundee.

En la oración:

> **He is at Dundee.**
> Está en Dundee.

una vez más vemos que **Dundee** no hace referencia a la ciudad, sino a una institución situada en ella, como la universidad, por ejemplo.

No obstante, para referirnos a pequeñas ciudades o pueblos sí que podemos utilizar **at**:

> **There's still a pier at Tighnabruaich.**
> Todavía hay un muelle en Tighnabruaich.

Por el contrario, no podríamos decir:

> **He lives at Tighnabruaich.**

sino **in**.

Con el verbo **arrive** también se emplea **at** para señalar un punto preciso:

> **They finally arrived at the foot of the hill.**
> Finalmente llegaron a los pies de la colina.

si no, se emplea **in**:

> **When we finally arrived in London, we...**
> Cuando por fin llegamos a Londres...

En sentido figurado siempre se emplea **arrive at**:

Have they arrived at any decision yet?
¿Han llegado ya a alguna decisión?

¿**at** o **by**?

1) Compare cómo se utilizan para indicar un lugar:

   (a) **He was sitting at the table.**   (b) **He was sitting by the table.**
   Estaba sentado a la mesa.   Estaba sentado al lado de la
                        mesa.

2) Y ahora, cómo se utilizan para expresar una relación temporal:

   (a) **Be there at six o'clock.**   (b) **Be there by six o'clock.**
   Tienes que estar allí a las seis.   Tienes que estar allí antes
                        de las seis.

   At hace referencia a un punto en el tiempo, mientras que **by**
   significa «no más tarde de».

* **before** (delante de, antes de)

   Hace referencia tanto al tiempo como al espacio:

   Be there before six o'clock.
   Tienes que estar allí antes de las seis.

   He knelt before the Queen.
   Se arrodilló ante la reina.

   1) En un sentido espacial a veces hay diferencia entre **before** e **in
      front of**. **In front of** es más literal en lo que concierne a la
      posición. Es el término que se utiliza con mayor frecuencia en el
      lenguaje habitual:

      He was standing in front of the judge in the queue.
      Estaba en la cola delante del juez.

      Mientras que **before** a veces indica una relación no puramente
      espacial:

      He stood before the judge.
      Estaba ante el juez.

      Observe que en estos ejemplos que acabamos de ver **in front of**
      no implica que dos personas estén cara a cara, mientras que **before**
      sí que lo hace.

2)   En el sentido temporal de **before** conviene comparar su empleo
     con verbos en forma negativa y el de **until. Before** significa
     «antes de», mientras que **until** significa «hasta»:

   (a) **You will not get the letter before Monday.**
       Usted no recibirá la carta antes del lunes.

   (b) **You will not get the letter until Monday.**
       Usted no recibirá la carta hasta el lunes.

   En el ejemplo (a) la carta llegará el lunes como muy pronto,
   mientras que en el (b) llegará el lunes.

*   **below** (por debajo de)

Below tiene el significado contrario a **above** (por encima de), y
under (debajo de) es la opuesta a **over. Above** ya la hemos visto
anteriormente. Aquí tenemos algunos ejemplos con **below:**

   50 metres below the snow-line.
   Cincuenta metros por debajo del nivel de las nieves perpetuas.

   He was sitting under the bridge.
   Estaba sentado debajo del puente.

   Below the bridge the water gets deeper.
   Por debajo del puente el agua es más profunda.

   His shoes were under the bed.
   Sus zapatos estaban debajo de la cama.

*   **beside** y **besides**

beside = al lado de:

   Sit beside me.
   Siéntate a mi lado.

besides = además, a parte de:

   There were three guests there besides him and me.
   Había tres invitados aparte de él y de mí.

*   **between** (entre), ver **among** (entre)

* **but**

But cuando se emplea como preposición significa «salvo», «excepto». **Except** puede sustituir a **but** en prácticamente todos los casos, pero no es igual a la inversa. **But** se emplea generalmente siempre después de pronombres indefinidos o interrogativos, o de adverbios como **anywhere, where,** etc:

Nobody but/except you would think of that.
A nadie salvo a ti podría ocurrírsele eso.

Where else but/except in France would you...?
¿En que otro lugar exceptuando Francia podrías...?

pero en la oración siguiente sólo es posible utilizar **except**:

You can all walk to the terminal except the old man here.
Todos ustedes pueden caminar hasta la terminal excepto este anciano.

* **by**

Ver **at** y **from**

1) Es conveniente comparar **by** con **on** cuando acompañan a nombres que designan medios de transporte:

He goes by train.
Va en tren.

Is there only one conductor on this train?
¿Sólo hay un interventor en este tren?

By se refiere al medio de transporte, y el nombre que le sigue generalmente no lleva ningún artículo, salvo en casos como el siguiente:

I'll be coming on/by the three-thirty.
Vendré en el de las tres y media.

donde no se hace referencia directa al medio de transporte.

Podemos utilizar **in** en vez de **on** si lo que predomina es una idea de interior:

It's often cold in British trains.
Con frecuencia hace frío en los trenes británicos.

Observe también las frases **live by** y **live on**. **Live by** significa «ganarse la vida con algo (haciendo algo)», mientras que **live on** significa «vivir de algo, mantenerse con algo». El uso de **by** hace hincapié en que se trata de un medio:

He lives by acting in commercials.
Se gana la vida actuando en anuncios.

He lives by his pen.
Se gana la vida con la pluma.

He lives on £100 a month.
Se mantiene con cien libras al mes.

He lives on fruit.
Vive a base de fruta.

Live by también significa «vivir según unas determinadas reglas»:

It is difficult to live by such a set of doctrines.
Es difícil vivir de acuerdo a ese conjunto de doctrinas.

2) Construcciones pasivas:

By se emplea para introducir el agente (el que realiza la acción) en las construcciones pasivas:

His reaction surprised us.
Su reacción nos sorprendió.

We were surprised by his reaction.
Fuimos sorprendidos por su reacción.

* **due to** (a causa de, debido a, gracias a)

Se utiliza igual que **owing to**:

This was due to/owing to his alertness of mind.
Fue así gracias a su mente despierta.

Dado que **due** es un adjetivo, algunas personas mantienen que debería colocarse detrás de una de las formas del verbo **be**, como en el ejemplo que acabamos de ver. No obstante, es más normal emplear **due to** en estructuras adverbiales en las que se considera una construcción preposicional del tipo de **because of, in front of** etc:

The train is late, due to an accident near Bristol.
El tren va con retraso debido a un accidente cerca de Bristol.

* **during** (durante), ver **for**

* **except** (excepto), ver **but**

* **for** (para, durante)

1) Cuando **for** se emplea como preposición temporal hay que tener cuidado de no confundirla con **during** (durante) o **in** (en). **For** insiste en la idea de duración temporal (¿durante cuánto tiempo?), mientras que **during** indica el periodo durante el cual se producen las acciones (¿cuándo?):

For the first five months you'll be stationed at Crewe.
Durante los cinco primeros meses tendréis la base en Crewe.

During the first five months you're likely to be moved.
Durante los cinco primeros meses es probable que se os traslade.

He let the cat out for the night.
Dejó fuera al gato durante toda la noche.

He let the cat out during the night.
Dejó fuera al gato durante la noche.

Esta referencia a la duración de **for** a veces se opone a **in**, que hace referencia «dentro de un periodo»:

I haven't seen her for five years.
No la veo desde hace cinco años.

He didn't see her once in five years.
No la vio ni una sola vez en cinco años.

Sin embargo, en inglés americano también se utilizaría **in** en el primer ejemplo:

I haven't seen her in five years.
No la veo desde hace cinco años.

Y este uso se está extendiendo en inglés británico.

Para aclaraciones sobre el uso de **for** y **since** con expresiones de tiempo consúltese la pág. 176.

2) Cuando **for** tiene referencia espacial conviene no confundirla con **to**:

(a) **The flight for/to Dublin is at 3 o'clock.**
El vuelo a Dublín es a las tres.

(b) **Nothing went wrong on the flight to Dublin.**
No hubo ningún incidente en el vuelo a Dublín.

La diferencia entre las dos es que **to** implica la llegada al destino, mientras que **for** sólo expresa el proyecto o la intención de ir en esa dirección o a dicho destino.

* from (de, desde)

1) Como vimos anteriormente (ver **by**), **by** indica un medio; por otra parte **from** indica origen, punto de partida. Compare las siguientes oraciones:

Judging by experience, this is unlikely to happen.
Si lo juzgamos a través de la experiencia, no es probable que ocurra.

Judging from earlier experiences, he had now learnt not to be easily led astray.
A juzgar por las experiencias anteriores, ya había aprendido a no dejarse llevar por mal camino tan fácilmente.

Está claro que a veces existe poca o apenas diferencia, dado que la distinción entre medio y origen no es permanente:

Judging by his clothes, he must be poor.
A juzgar por su ropa debe de ser pobre.

Judging from these figures, business is good.
De estas cifras se deduce que el negocio va bien.

La idea de origen de una causa de **from** también aparece en oraciones en las que a veces es necesario el uso de **of**, **by** y **with**:

The cat died from eating too much fish.
El gato murió por comer demasiado pescado.

The cat died of cancer/by drowning.
El gato murió de cáncer/ahogado.

The cat is trembling with fear.
El gato está temblando de miedo.

From what I've heard...
Según he oído...

2) Con **different**:

Con **different** puede emplearse **from** y **to**:

That's different to/from mine.
Es diferente al mío.

That's different to/from what he said before.
Es diferente a lo que dijo antes.

Pero **than**, aunque pueda oírse a veces, es incorrecto (pues **different** no es un comparativo).

*   **in** e **into** (en)

En lo referente a **in** ver también **at, by, for**.

En principio **in** significa «dentro de un espacio», mientras que **into** implica movimiento desde un sitio al interior de otro.

He was sitting in the living room.
Estaba sentado en el cuarto de estar.

He went into the living room.
Entró en el cuarto de estar.

Hasta aquí su utilización no plantea problemas. Pero hay casos en los que una acción implica un movimiento desde un sitio al interior de otro (y donde esperaríamos que la preposición adecuada fuera **into**), pero se utiliza **in** si se hace hincapié en el **resultado** y no en el movimiento:

Did you put sugar in my coffee?
¿Has puesto azúcar en mi café?

Y, por el contrario, se utiliza a veces **into** cuando no hay verbo de movimiento pero se implica que ha habido movimiento:

You've been in the bathroom for an hour.
Llevas una hora en el cuarto de baño.

The kitchen is awful, have you been into the bathroom yet?
La cocina es horrible; ¿has estado ya en el cuarto de baño?

Igualmente, en sentido figurado:

He's into fast cars at the moment.
Ahora está muy interesado en coches deportivos.

This will give you an insight into how it works.
Esto te dará una idea de cómo funciona.

* **in front of** (delante de), ver **before**

* **of** (de), ver **about** y **from**

* **on** (encima de), ver **about**, **by** y **upon**

* **opposite** (enfrente de)

  A veces le acompaña **to**, y a veces no:

  > **The house opposite (to) ours is being pulled down.**
  > Están demoliendo la casa de enfrente de la nuestra.

* **outside** (fuera de)

  A menudo le acompaña **of** en inglés americano, pero no es nada corriente en inglés británico:

  > **He reads a lot outside (of) his main subject area.**
  > Lee muchas cosas que no son de su especialidad.

* **over** (por encima de), ver **above** y **across**

* **owing to** (debido a), ver **due to**

* **since** (desde), ver **after** y la pág. 231

* **till** («hasta» con referencia temporal), ver **to**

* **to** (a, hasta)

  Ver también **for, from**.

  To, al igual que **until/till**, hace referencia a un límite en el tiempo. La diferencia reside en que con **until/till** se insiste particularmente en la actividad que se menciona en la oración:

  > **He has one of those nine to five jobs.**
  > Tiene uno de esos trabajos con horario de oficina.

  > **The shop is closed from 1 to 2 pm.**
  > La tienda cierra de 1 a 2 del mediodía.

  > **He played his flute until 10 o'clock.**
  > Tocó la flauta hasta las diez.

  > **Last night I worked from eight till midnight.**
  > La noche pasada trabajé desde las ocho hasta medianoche.

  No hay ninguna diferencia entre **until** y **till**.

To, con un sentido diferente, puede tener un significado parecido a **at** cuando sigue a ciertos verbos. En esos casos **to** indica simplemente el rumbo hacia un sitio o una cosa; **at** tiene un sentido más fuerte, pues denota una relación más fuerte con el lugar o cosa en cuestión:

Will we manage to get to the station in time?
¿Lograremos llegar a tiempo a la estación?

Those boxes on top of the wardrobe... I can't get at them.
Esas cajas de encima del armario... no las alcanzo.

* **toward(s)** (hacia)
  Ver también **against**.

  Toward es de uso corriente en inglés americano, mientras que los británicos prefieren **towards**.

* **under** (debajo de), ver **below**

* **until** («hasta» con referencia temporal), ver **before** y **to**

* **upon** (encima de)

  Existen pocas diferencias de sentido entre **upon** y **on**; podemos decir que **upon** es bastante más literario y de un lenguaje muy cuidado:

  What are your views upon...?
  ¿Cuál es su opinión sobre...?

  Upon having, with great difficulty, reached Dover, he immediately set sail for France.
  Después de haber llegado a Dover, no sin gran dificultad, embarcó de inmediato rumbo a Francia.

  Pero también podemos encontrar **upon** en algunas expresiones caídas en desuso, en las que **on** no es posible:

  Upon my word!   **Upon my soul!**
  Bajo palabra.   ¡Vaya por Dios!

  Upon no puede sustituir a **on** cuando se trata de expresar: (a) una fecha, (b) un medio (ver **by**), (c) un estado o (d) con el significado de «encima (una persona lo lleva)»:

  (a) **Can you come on Saturday?**
      ¿Puedes venir el sábado?

  (b) **He lives on fruit.- Our heaters run on gas.**
      Vive a base de fruta.- Nuestros radiadores funcionan con gas.

(c) **He's on the phone.- It's on TV.- He's on edge.**
Está al teléfono.- Está en la «tele».- Tiene los nervios de punta.

(d) **Have you got any money on you?**
¿Llevas algo de dinero encima?

Una regla práctica es utilizar siempre **on** en caso de duda (aparte de las excepciones mencionadas anteriormente).

* **with** (con), ver **from**

* **without** (sin)

En inglés se utiliza el artículo:

without a/his hat   **without (any) butter**
sin sombrero   sin mantequilla

15 LAS CONJUNCIONES

Las conjunciones sirven para unir dos palabras o dos proposiciones.
Podemos distinguir dos clases de conjunciones: «coordinantes» y
«subordinantes». Las primeras unen palabras o proposiciones que
cumplen una misma función, mientras que en la segunda lo que unen son
proposiciones entre las que hay una relación de dependencia
(normalmente una proposición de otra). Ver más adelante **Estructura de
la oración**, pág. 260.

1   CONJUNCIONES COORDINANTES

Pueden ser «simples»:

and	but	or	nor	neither
y	pero	o	ni	ni

o «correlativas»:

both... and	either... or	neither... nor
tanto... como	o... o	ni... ni

a)   *Ejemplos con conjunciones coordinantes simples*

1)   **You need butter and flour.**
Necesitas mantequilla y harina.

She's old and fragile.
Es anciana y delicada.

They ate and drank a good deal.
Comieron y bebieron muchísimo.

They finished their work and then they went out for dinner.
Terminaron su trabajo y salieron a cenar.

2)   **But y or** ofrecen las mismas posibilidades de combinación que
and; por ejemplo:

She's plain but rich.
Es normalucha, pero rica.

Trains to or from London have been delayed.
Los trenes con destino a o procedentes de Londres llevan retraso.

Observe también la siguiente construcción:

We can but try.
No nos queda más que intentarlo.

3) **Nor** se utiliza delante del segundo elemento (o del tercero etc.), después de que ya haya aparecido un **not** en la oración:

I don't eat sweets, nor chocolate, nor any kind of sugary thing.
No como caramelos, ni chocolate, ni ninguna clase de dulce.

También se puede utilizar **or** en esta construcción:

I don't eat sweets, or chocolate, or any kind of sugary thing.

Nor también se utiliza para unir proposiciones. A veces aparece acompañado de **and** o de **but**. Observe la inversión del sujeto y el auxiliar:

I don't like coffee, nor do I like tea.
No me gusta el café, y tampoco el té.

I don't like coffee, (and) nor does she.
A mí no me gusta el café, y a ella tampoco.

I don't understand it, (but) nor do I need to.
No lo entiendo, pero tampoco lo necesito.

4) **Neither** se emplea únicamente para unir dos proposiciones:

I don't like coffee, neither does she.
No me gusta el café, a ella tampoco.

I don't understand it, (and/but) neither do I need to.
No lo entiendo, y/pero tampoco lo necesito.

5) Si **(n)either... (n)or** une dos nombres, el verbo concordará en número con el nombre más cercano:

Either the record player or the speakers have to be changed.
Either the speakers or the record player has to be changed.
Hay que cambiar o el tocadiscos o los altavoces.

b) *Ejemplos con conjunciones coordinantes correlativas*

> **You need both butter and flour.**
> Necesitas tanto mantequilla como harina.

> **She's both old and fragile.**
> Es (tanto) vieja (como)/y delicada.

> **They both laughed and cried.**
> Rieron y lloraron a la vez.

> **You need either butter or margarine.**
> Necesitas o mantequilla o margarina.

> **She'll be either French or Italian.**
> Será francesa o italiana.

> **She was travelling either to or from Aberdeen.**
> Iba de viaje en dirección a Aberdeen o de vuelta.

> **You need neither butter nor margarine.**
> No necesitas ni mantequilla ni margarina.

> **She's neither old nor fragile.**
> No es ni vieja ni delicada.

* El empleo de **both** cuando hablamos de dos cosas es de uso mucho más frecuente en inglés que en castellano.

c) **Or tiene cuatro significados básicos**

1) Para excluir o expresar alternativa:

> **He lives in Liverpool or Manchester.**
> Vive en Liverpool o Manchester.

2) Aditivo:

> **You could afford things like socks or handkerchiefs or ties.**
> Podrías permitirte cosas como calcetines o pañuelos o corbatas.

3) Uniendo dos sinónimos:

> **Acquired immune deficiency syndrome, or Aids.**
> Síndrome de inmunodeficiencia adquirida, o SIDA.

4) Uniendo dos proposiciones; equivale a «si no»:

> **Apologize to her or she'll never speak to you again.**
> Discúlpate, si no ella no volverá a hablarte.

2 CONJUNCIONES SUBORDINANTES

Existe un gran número de conjunciones subordinantes. Algunas son «simples», como **because** (porque) o **so that** (para que, de manera que); otras son «correlativas» (compare con el punto 1), como **as... as** (tan... como), **so... that** (tan(to)... que), **more... than** (más... que).

a) *Introduciendo proposiciones sustantivas*

Las proposiciones sustantivas tienen la misma función que los (pro)nombres y los grupos nominales en la oración:

(a) **They told him that they had done it.**
Le dijeron que lo habían hecho.

(b) **I told him the facts.**
Le conté los hechos.

En (a) el complemento directo de **told** es una proposición sustantiva, mientras que en (b) es un grupo nominal.

Las conjunciones que introducen proposiciones sustantivas son **that** (que), **if** (si), **whether** (si, *al plantear una opción*) y **how** (cómo). **That** se omite a veces cuando la proposición subordinada tiene función de complemento directo, pero no así cuando su función es la de sujeto:

He said (that) he wanted to see me. (complemento directo)
Dijo que quería verme.

That such people exist is unbelievable. (sujeto)
Es increíble que haya personas así.

He asked me if/whether I had any money. (complemento directo)
Me preguntó si tenía dinero (o no).

Whether I have any money or not is none of your business. (sujeto)
Si tengo dinero o no es algo que no te concierne.

He said how it was done. (complemento)
Dijo cómo se hizo.

How it's done is immaterial. (sujeto)
El cómo se hace no tiene relevancia.

That, if, whether y **how** empleados de esta forma no deben confundirse con su función como introductores de un grupo adverbial (ver más adelante).

b)   *Introduciendo una proposición adverbial*

1) **Ver Los adverbios**, pág. 79. Existe gran número de
   conjunciones que introducen proposiciones adverbiales; entre ellas
   se encuentran muchos ejemplos de nombres o de verbos que
   cumplen la función de una conjunción, es el caso de **the minute**
   (en el momento que) y de **the way** (la forma en que), como en:

   He arrived the minute the clock struck twelve. (= conjunción
   temporal; puede compararse con **when**)
   Llegó en el momento en que el reloj dio las doce.

   He didn't explain it the way you did. (= conjunción modal;
   puede compararse con **how**)
   Él no lo explicó de la misma forma que tú.

   también son conjunciones **provided** (siempre que, a condición de
   que) y **considering**, como en:

   Provided you keep quiet, you can stay. (= conjunción
   condicional, puede compararse con **if**)
   Puedes quedarte a condición de que te estés callado.

   He's doing well considering he's been here for only a week.
   (= conjunción concesiva, puede compararse con **although**)
   Lo está haciendo bien teniendo en cuenta que sólo lleva una
   semana aquí.

   Veamos las conjunciones adverbiales principales:

2) Conjunciones temporales: **after** (después de que), **as** (mientras
   que), **before** (antes de que), **since** (desde que), **until** (hasta que),
   when (cuando), **whenever** (siempre que, cada vez que), **while**
   (mientras que). La idea de futuro que tienen las proposiciones
   subordinadas introducidas por una de estas conjunciones se
   expresa en inglés con un tiempo presente (ver pág. 178):

   He came back after the show had finished.
   Volvió después de que el espectáculo hubiera terminado.

   The phone rang as he was having a bath.
   El teléfono sonó mientras que estaba bañándose.

   Before you sit down, you must see the bedroom.
   Antes de que te sientes tienes que ver el dormitorio.

   They've been crying (ever) since their parents left.
   Llevan llorando desde que sus padres se fueron.

He talked non-stop until it was time to go home.
Habló sin parar hasta que llegó la hora de irse a casa.

When he's ready we'll be able to get going at last.
Cuando esté listo podremos por fin ponernos en marcha.

You don't have to go upstairs whenever the baby cries.
No es necesario que subas cada vez que el bebé llora.

While I'm asleep, will you drive?
¿Te importa conducir mientras duermo?

3) Conjunciones de lugar: **where** (donde), **wherever** (donde quiera que):

Plant them where there is a lot of shade.
Plántalas donde haya mucha sombra.

Wherever she goes, he follows.
Donde quiera que vaya, él la sigue.

4) Conjunciones modales, de comparación o de intensidad: **as** (como), **as if** (como si), **as though** (como si), **how** (como), **however** (por muy):

He does it as he's always done it.
Lo hace como siempre lo ha hecho.

He behaved as if/as though there was (were) something wrong.
Se comporta como si algo fuera mal.

You can pay how you want.
Puedes pagar como quieras.

However hard you try, you won't manage.
Por mucho que lo intentes, no lo lograrás.

However exciting it may be, he won't be interested.
Por muy apasionante que sea, a él no le va a interesar.

5) Conjunciones causales: **as** (dado que, ya que), **because** (porque), **only** (sólo que), **since** (ya que):

As there was nothing but biscuits in the house, we went out to eat.
Dado que en la cocina no había más que galletas, salimos a comer.

I love you because you are you.
Te amo porque eres como eres.

I would have done it really, only I didn't think there was time.
De verdad que lo habría hecho, sólo que no pensé que habría tiempo.

Since you've been so kind to me, I want to give you a present.
Ya que (usted) ha sido tan amable conmigo, quiero hacerle un regalo.

6) Conjunciones concesivas: **(al)though** (aunque), **even if** (aunque), **whether** (sea):

We let him come (al)though he was a nuisance.
Le dejamos venir, aunque no hacía más que molestar.

You can stay, even if/even though you haven't paid your rent.
Puedes quedarte, aunque no hayas pagado el alquiler.

I'm doing it whether you like it or not.
Lo voy a hacer, te guste o no.

7) Conjunciones de finalidad: **in order to** (con el fin de), **lest** (para que no), **so that** (a fin de que):

They went to the stage door in order to get a glimpse of him.
Fueron a la entrada de artistas con el fin de poder verle.

I apologized lest she should be offended.
Me disculpé para que no se sintiera ofendida.

He did it so that she would be happy.
Lo hizo para que ella fuera feliz.

Conviene tener en cuenta que **lest** generalmente se utiliza en lenguaje literario. Siempre es posible emplear **so that... not** en su lugar:

I apologized so that she should not be offended.

8) Conjunciones consecutivas: **so that** (de modo que):

If you can arrange things so that we're all there at the same time.
Si puedes arreglarlo todo de modo que estemos todos allí al mismo tiempo.

9) Conjunciones condicionales: **if** (si), **so/as long as** (mientras que), **unless** (a menos que, si no):

Only tell me if you want to.
Sólo dime si quieres.

So long as you promise to be careful.
Mientras que prometas tener cuidado.

Tell me, unless you don't want to.
Cuéntame, a menos que no quieras hacerlo.

c) **But** es una conjunción subordinante cuando tiene alguno de los significados siguientes:

1) «sin (que)» (precedido de **never** y **hardly**):

It never rains but it pours. (proverbio)
Los males nunca vienen solos.

Hardly a day goes by but something happens.
Apenas pasa un día sin que ocurra algo.

2) Empleado con **that** después de algunos nombres negativos:

There's no doubt but that he's responsible.
No cabe ninguna duda de que es el responsable.

d) *Introduciendo proposiciones comparativas:*

Las proposiciones subordinadas comparativas no modifican otras proposiciones, como ocurre con las proposiciones adverbiales. Modifican los elementos de la proposición: grupos nominales, adverbiales y adjetivales.

Las conjunciones comparativas son correlativas (consulte **las conjunciones coordinantes**, págs. 244-247: **more... than** (más... que), **less... than** (menos que) y **as... as** (tan... como):

1) Modificando un nombre:

They killed more people than we can imagine.
Mataron a más gente de la que nos podamos imaginar.

They killed as many people as the other side (did).
Mataron a tanta gente como los otros.

2) Modificando un adjetivo:

It was less comfortable than we'd thought.
Era menos confortable de lo que habíamos pensado.

It was as comfortable as we thought.
Era tan confortable como pensábamos.

3) Modificando un adverbio:

You did it better than I could have done.
Lo hiciste mejor de lo que yo hubiera podido hacerlo.

You did it as well as I could have done.
Lo hiciste tan bien como yo hubiera podido hacerlo.

16 LOS NUMERALES

1 NUMERALES CARDINALES Y ORDINALES

	cardinales		ordinales
1	one	1st	first
2	two	2nd	second
3	three	3rd	third
4	four	4th	fourth
5	five	5th	fifth
6	six	6th	sixth
7	seven	7th	seventh
8	eight	8th	eighth
9	nine	9th	ninth
10	ten	10th	tenth
11	eleven	11th	eleventh
12	twelve	12th	twelfth
13	thirteen	13th	thirteenth
14	fourteen	14th	fourteenth
15	fifteen	15th	fifteenth
16	sixteen	16th	sixteenth
17	seventeen	17th	seventeenth
18	eighteen	18th	eighteenth
19	nineteen	19th	ninetenth
20	twenty	20th	twentieth
21	twenty-one	21st	twenty-first
30	thirty	30th	thirtieth
40	forty	40th	fortieth
50	fifty	50th	fiftieth
60	sixty	60th	sixtieth
70	seventy	70th	seventieth
80	eighty	80th	eightieth
90	ninety	90th	ninetieth
100	a/one hundred	100th	(one) hundredth
101	a/one hundred and one	101st	(one) hundred and first

200	two hundred	200th	two hundredth
1,000	a/one thousand	1,000th	(one) thousandth
1,345	a/one thousand three hundred and forty-five	1,345th	one thousand three hundred and forty-fifth

1,000,000	a/one million	millionth
1,000,000,000(^{9})	a/one billion	billionth
1,000,000,000,000(^{10})	a/one trillion	trillionth

Observe que en inglés británico a billion equivalía (y aún lo sigue haciendo a veces) a 10^{12} y a trillion a 10^{18}. Los valores que se dan en la tabla son los americanos, que ahora se emplean de igual manera en Gran Bretaña. Al 10^9 todavía se le llama a veces a thousand million.

Es importante tener en cuenta que para indicar millares se utilizan comas (,) y no puntos (.).

2 FRACCIONES

a) *Fracciones ordinarias*

Para escribir fracciones se utiliza un numeral cardinal (o a veces a en vez de one) + un numeral ordinal:

$^1/_5$	=	a/one fifth
$^3/_8$	=	three eighths
$3^4/_9$	=	three and four ninths
$^1/_2$	=	a/one half
$^1/_4$	=	a quarter
$^3/_4$	=	three quarters

Observe como se diría $1^1/_4$ hours = an/one hour and a quarter o one and a quarter hours (una hora y cuarto).

Observe que la -s se mantiene incluso cuando las fracciones se emplean como adjetivos:

They had a two-thirds majority.
Han tenido una mayoría de dos terceras partes.

El uso de las fracciones ordinarias es mucho más corriente en inglés que en castellano.

b) *Los decimales*

Mientras que en el resto de los países europeos se utiliza la coma (,) para los decimales, los países de habla inglesa utilizan el punto (.):

25.5 = twenty-five point five
(veinticinco coma cinco)

Los números decimales deben decirse uno tras otro después del punto:

25.552 = twenty-five point five five two
(veinticinco coma quinientos cincuenta y dos)

3 NOUGHT, ZERO, '0', NIL

a) *Inglés británico*

Nought y **zero** se emplean para la cifra «0». En los cálculos lo normal es utilizar **nought**:

Add another nought (o **zero**) **to that number.**
Añade otro cero a esa cifra.

Put down nought and carry one.
Pongo cero y me llevo una.

0.6 = nought point six
cero coma seis

Para un número en una escala se prefiere **zero**:

It's freezing. - It's 10 below zero.
Está helando. - Estamos a 10 grados bajo cero.

también se prefiere en el lenguaje especializado:

Given zero conductivity...
Dada una conductividad (de) cero...

A country striving for zero inflation.
Un país que intenta conseguir una tasa de inflación de cero.

Cuando se pronuncia la cifra como si se tratase de la letra «o» normalmente se tratará de un número de teléfono.

Nil se utiliza siempre para dar una puntuación o los resultados en juegos deportivos:

Arsenal won four nil (= 4-0)

o:

Arsenal won by four goals to nil.
Arsenal ganó por cuatro a cero.

excepto en tenis, en que se utiliza «dove»:

Lendl leads forty-love.
Lendl gana cuarenta a nada.

(esta palabra tiene un origen curioso, viene del francés «*l'oeuf*», que significa «el huevo», y probablemente hace referencia al parecido que hay entre un huevo y un cero).

Nil también se utiliza con el mismo significado que **nothing** (nada); a veces también se dice **zero**:

Production was soon reduced to nil (o zero).
La producción se redujo rápidamente a cero.

b) *Inglés americano*

Se utiliza **zero** en casi todos los casos:

How many zeros in a billion?
¿Cuántos ceros hay en un billón?

My telephone number is 721002 (seven two one zero zero two)
Chicago Cubs zero (en baloncesto)

No obstante, en tenis se utiliza **love**, ver sobre.

4 FECHAS

a) *Años*

1991 se dice:

nineteen ninety-one

o, con menor frecuencia:

nineteen hundred and ninety-one

1026 se dice:

ten twenty-six

En este ejemplo no es nada habitual el uso de **hundred**.

b) *Meses y días*

La fecha puede escribirse de diferentes maneras:

12(th) May	**May 12(th)**
the twelfth of May	**May the twelfth**

En inglés americano hablado es más corriente omitir el artículo **the** cuando se empieza la fecha por el mes:

May 12 (dicho: May twelfth/May twelve)

En inglés británico se escribe las fechas poniendo el día en primer lugar, mientras que en inglés americano lo primero es el mes:

10/4/91 (= 10 April 1991, inglés británico).
4/10/91 (= 10 April 1991, inglés americano).

5   NÚMEROS DE TELÉFONO

Cada una de las cifras que componen un número de teléfono debe leerse por separado (ver el punto 3):

1567	=	one five six seven
40032	=	four double 'o' three two (inglés británico)
		four zero zero three two (inglés americano)

Pero en forma escrita lo normal es agrupar los números de modo que queden claros los diferentes prefijos que hay que marcar:

041-221-5266

6   DIRECCIONES

En Norteamérica los números de cuatro cifras se leen de la siguiente manera:

3445 Sherbrooke Street
thirty-four forty-five Sherbrooke Street

7   OPERACIONES ARITMÉTICAS

Existen varias formas de expresar operaciones aritméticas. Aquí se muestran algunas de las más corrientes:

$12 + 19 = 31$
twelve and/plus nineteen is/equals thirty-one

$19 - 7 = 12$
nineteen minus seven is/equals twelve

seven from nineteen is/leaves twelve
nineteen take away seven is/leaves twelve (uso infantil)

$2 \times 5 = 10$ $4 \times 5 = 20$
twice five is ten   four times five is/equals twenty
two fives are ten   four fives are twenty

$36 \times 41 = 1476$
thirty-six times forty-one is/equals one thousand four hundred
and seventy-six
thirty-six multiplied by forty-one is/equals one thousand four
hundred and seventy-six

$10 \div 2 = 5$
ten divided by two is/equals five
two into ten goes five (uso más coloquial).

8   Para el uso de la -s con **hundred, thousand, million (billion,
    trillion)** ver **El nombre.** Fíjese en los siguientes ejemplos:

    **First they came in ones and twos, but soon in tens - at last in
    tens of thousands.**
    Primero vinieron de uno en uno o de dos en dos, pero pronto
    vinieron por decenas... y finalmente por decenas de millares.

    In the 1950s (= nineteen fifties)
    En los años cincuenta.

    She's now in her eighties.
    Ahora es octogenaria (tiene ochenta y tantos años).

9   THE FORMER Y THE LATTER

    Cuando se hace referencia a una persona o una cosa entre dos que
    acaban de ser nombradas en lugar de emplearse **the first** se emplea
    the former; de la misma forma se utilizará **the latter** cuando se haga
    referencia a la última de esas dos cosas o personas:

    **Trains and coaches are both common means of transport - the
    former are faster, the latter less expensive.**
    Trenes y autocares son medios de transporte muy comunes; los
    primeros son más rápidos, los últimos más baratos.

En estas expresiones **the latter** se utiliza con mayor frecuencia, puede hacer referencia también al último elemento de una enumeración en la que hay más de dos:

> **Spain, Italy, Greece: of these countries the latter is still the most interesting as regards...**
> España, Italia, Grecia: de estos países quizá sea el último el más interesante en lo que se refiere a...

Después de **the former/the latter** pueden aparecer nombres:

> **Of the dog and the cat, the former animal makes a better pet in my opinion.**
> Entre el perro y el gato, el primero es mejor animal doméstico, en mi opinión.

10 ONCE Y TWICE

Once significa «una vez», **twice** «dos veces». **Thrice** («tres veces») es anticuado:

> **If I've told you once, I've told you a thousand times.**
> Si no te lo he dicho mil veces no te lo he dicho ninguna.

> **I've seen her twice.**
> La he visto dos veces.

17 ESTRUCTURA DE LA ORACIÓN

Orden de los elementos de la oración:

a) *El sujeto*

1) En general, el sujeto precede al auxiliar y al verbo:

   He can swim.
   Sabe nadar.

   La inversión del sujeto y del verbo tiene lugar en los siguientes casos (si hay más de un auxiliar sólo será el primer auxiliar el que preceda al sujeto):

2) En interrogaciones:

   May I? (When) can you come?
   ¿Puedo? ¿(Cuándo) puedes venir?

   Would you have liked to have the chance?
   ¿Te hubiera gustado tener la oportunidad?

3) En proposiciones condicionales, cuando se omite **if**:

   Had I got there in time, she'd still be alive.
   Si hubiera llegado a tiempo, todavía estaría viva.

   Should that be true, I'd be most surprised.
   Si eso fuera verdad, realmente me sorprendería.

4) Cuando la proposición comienza con una palabra cuyo significado es negativo (como p.ej. **never, seldom**):

   Never did I think this would happen.
   Nunca pensé que esto pasaría.

   I can't swim. - Nor/neither can I.
   No sé nadar. - Yo tampoco.

   Little did I think this would happen.
   Poco pensaba yo que esto ocurriría.

Hardly had he entered the room, when the ceiling caved in.
Apenas había entrado en la habitación, cuando el techo se
derrumbó.

Seldom have I enjoyed a meal so much.
Pocas veces he disfrutado tanto de una comida.

Pero a **nevertheless, nonetheless y only**, que hacen referencia a
una afirmación precedente, les siguen los elementos de la oración
en su orden habitual:

**I know he smokes, nevertheless/nonetheless he should be
invited.**
Sé que fuma, pero no obstante se le debería invitar.

We'd like you to come, only we haven't got enough room.
Nos gustaría que vinieras, solo que no tenemos suficiente espacio.

5) A menudo, cuando una proposición comienza con un adverbio de
intensidad:

**So marvellously did he play, that it brought tears to the eyes of
a hardened critic like me.**
Tocó tan maravillosamente, que hizo que incluso a un crítico
endurecido como yo le vinieran las lágrimas a los ojos.

Only too well do I remember those words.
Demasiado bien me acuerdo de esas palabras.

6) A veces, cuando la proposición comienza con un adverbio, si el
verbo no tiene un sentido descriptivo muy acentuado o si el sujeto
tiene cierta importancia:

**In that year came the message of doom that was to change
their world.**
Ese año llegó el funesto mensaje que habría de cambiar su mundo.

On the stage stood a little dwarf.
En el escenario había un duendecillo.

**Out came a scream so horrible that it made my hair stand on
end.**
Se oyó un grito tan terrible que hizo que se me pusieran los pelos
de punta.

To his brave efforts do we owe our happiness. (bastante
literario)
A su valentía debemos nuestra felicidad.

Para crear un efecto dramático cuando un adverbio aparece en posición inicial:

A big black car pulled up and out jumped Margot.
Un cochazo negro paró y de él salió Margot.

7) Después de *so* en posición inicial (= también):

I'm hungry. - So am I.
Tengo hambre. - Yo también.

8) En estilo directo:

Después del texto en estilo directo el verbo que lo presenta a veces precede al sujeto, sobre todo si se trata de un nombre (cuanto mayor sea la importancia del nombre, mayor será la tendencia a invertir el orden):

'You're late again,' said John/John said.
«Otra vez llegas tarde», dijo John.

'You're late again!' boomed the furious sergeant (o the furious sergeant boomed).
«¡Otra vez llegas tarde!», le gritó el sargento lleno de furia.

Pero el orden normal es obligatorio cuando se utilizan los tiempos compuestos:

'You're late again,' John had said.
«Otra vez llegas tarde», había dicho John.

Si el sujeto es un pronombre lo normal es que aparezca en primer lugar:

'You're late again,' he said.
«Otra vez llegas tarde», dijo.

Cuando el verbo precede al pronombre se debe generalmente a que le sigue una proposición de relativo o porque se quiere dar un tono gracioso a la oración:

'You're late again,' said I, who had been waiting for at least five hours.
«Otra vez llegas tarde», dije, después de haber estado esperando durante al menos cinco horas.

El lenguaje periodístico tiene tendencia a concentrar gran cantidad de información sobre un sujeto (**vivacious blonde Mary Lakes from Scarborough said: '...'**, *la rubia y vivaracha Mary Lakes de Scarborough dijo: «...»*). Ya que en inglés es bastante extraño colocar en último lugar una palabra de tan escaso valor descriptivo, como por ejemplo **said**, los periodistas a menudo cambian el orden de los elementos en casos parecidos:

Said vivacious blonde Mary Lakes from Scarborough:
Como dijo la rubia y vivaracha Mary Lakes de Scarborough...

Si hay un adverbio la inversión es menos corriente, pero posible:

'You're back again,' said John tentatively.
«Otra vez estás de vuelta», dijo John con cierta indecisión.

Pero si hay un complemento, después de **ask** o **tell** por ejemplo, no se hace la inversión:

'She is late again', John told the waiting guests.
«Otra vez llega tarde», dijo John a los invitados que esperaban.

b) *El complemento*

El complemento normalmente sigue al nombre, pero en los casos siguientes aparece en posición inicial:

1) En las interrogaciones que comienzan con un pronombre interrogativo cuya función es la de complemento:

Who(m) did you meet?
¿A quién te encontraste?

2) En las proposiciones subordinadas interrogativas y relativas:

(Please ask him) what he thinks.
(Por favor, pregúntale) qué piensa.

(Can we decide) which position we're adopting?
(¿Podemos decidir) qué posición adoptar?

(He brought back) what she'd given him.
(Devolvió) lo que ella le había dado.

3) Para dar énfasis sobre un complemento, sobre todo cuando es **that**:

That I couldn't put up with.
Eso no podía aceptarlo.

That I don't know.	**But his sort, I don't like at all.**
Eso no lo sé.	Pero su clase, no me gusta en absoluto.

4) Si la proposición tiene un complemento directo y uno indirecto, el indirecto precederá al directo si uno de los dos (o ambos) es un nombre.

He gave her a kiss.
Le dio un beso.

Pero si en vez del complemento indirecto, lo que tenemos es una locución preposicional adverbial, esta locución se situará al final:

He gave the old tramp a fiver.
o:
He gave a fiver to the old tramp.
Dio un billete de cinco libras al viejo mendigo.

5) Cuando los dos complementos, el directo y el indirecto, son pronombres, será el indirecto el que preceda al directo:

Could you please send her these in the mail tonight?
¿Podrías hacer el favor de mandárselas en el correo de esta noche?

Would you give me one?	**Well, tell them that then.**
¿Me das uno?	Bueno, pues díselo.

He wouldn't sell me one.
No quería venderme uno.

That secretary of yours, will you lend me her?
Esa secretaria tuya...¿me la prestas?

Una excepción a esta regla es la que se hace al utilizar **it** con **give** o **lend**, caso en el que tenemos dos posibilidades:

Could you give it him when you see him?
Could you give him it when you see him?
¿Podrías dárselo cuando le veas?

También es posible decir:

Could you give it to him when you see him?

Si se emplea **to**, el orden de los elementos es parecido al del ejemplo que acabamos de ver:

He wouldn't sell one to me.

18 ORTOGRAFÍA

1 Y PASA A SER I

Cuando una y aparece después de una consonante se transforma en i si se le añade alguna terminación:

-able, -ed, -er (adjetivos o nombres)
-est, -es (nombres y verbos)
-ly y **-ness**

ply: plies: pliable
cry: cried: cries: crier
happy: happier: happiest: happily: happiness

Excepciones:

shyly (con timidez) y **slyly** (astutamente; *el uso de slily es poco común*). Por el contrario **drily** es más común que **dryly**.

Los nombres propios terminados en **-y** sólo toman **-s**:

There were two Henrys at the party.
Había dos Enriques en la fiesta.

Los compuestos en **-by** toman **-s**:

standbys

Lo mismo ocurre con **dyer** (tintorero), y a veces con **flyer** (aviador), pues es posible escribir **flier**.

Pero cuando la **y** va precedida de una vocal no se cambia, y la terminación de los nombres o de los verbos es **-s** en vez de **-es**:

play: plays: playable: player
coy: coyer: coyest: coyly: coyness

Pero cuidado: **lay: laid, pay: paid, say: said**, y además **daily, gaily** (también **gayly**).

2 IE PASA A SER Y

Este cambio se produce delante de **-ing**:

die: dying   lie: lying

3 PÉRDIDA DE LA -*E* FINAL

Normalmente la -e desaparece cuando se añade una sílaba que comienza por vocal:

love: loving: lovable
stone: stony

Pero existen algunas excepciones como **matey** (compañero), **likeable** (simpático), **mileage** (kilometraje), **dyeing** (= tinte; no confundir con **dying** = morir), **hoeing** (sachar), **swingeing** (= inmenso; no confundir con **swinging** = oscilante).

Si la palabra termina en -**ce** o -**ge**, la -e se mantiene delante de -**a** y de -**o**:

irreplaceable, changeable, outrageous

Si la sílaba siguiente comienza por consonante lo normal es que se conserve la -**e**:

love: lovely
bore: boredom

Pero de nuevo hay importantes excepciones, sobre todo:

due: duly   true: truly
whole: wholly   argue: argument

4 -*OUR* PASA A SER -*OR*

Cuando se añade un sufijo a algunas palabras que terminan en -**our**, la -**u**- desaparece:

humour: humorist
vigour: vigorous

Pero hay una excepción importante, se trata de la palabra **colour**:

colour: colourful: colourlessness: colourist

Para los americanos no supone ningún problema, pues la -**u**- de esta terminación ha desaparecido definitivamente:

humor: humorist

5 CONSONANTES DOBLES

Las consonantes se doblan cuando siguen a una vocal breve tónica y preceden a las terminaciones -er, -est, -ed, -ing:

fit: fitter: fittest: fitted: fitting
begin: beginner: beginning

También en las terminaciones -ur y -er:

occur: occurred: occurring
refer: referred: referring

pero:

keep: keeper: keeping

o:

cure: cured: curing

Pues la vocal de estas dos palabras es larga.

De igual forma:

vomit: vomited: vomiting

porque la -i- es átona.

En inglés británico la -l- se dobla incluso en sílaba átona:

revel: revelled: reveller: revelling
travel: travelled: traveller: travelling

No así en inglés americano:

travel: traveled: traveler: traveling

Observe también:

kidnap: kidnapped: kidnapper (inglés británico)
kidnap: kidnaped: kidnaper (inglés americano)

6 *C* SE CONVIERTE EN *CK*

Las palabras terminadas en -c cambian la -c en -ck delante de -ed, -er, -ing:

frolic: frolicked: frolicking
picnic: picnicked: picnicker: picnicking

7   DIFERENCIAS ORTOGRÁFICAS ENTRE EL INGLÉS BRITÁNICO Y EL AMERICANO

Además de las ya explicadas en los puntos 4 y 5 conviene tener en cuenta las siguientes:

a)   Inglés británico = **-gue**; inglés americano = **-g**

   catalogue : catalog

b)   Inglés británico = **-tre**; inglés americano = **-ter**

   centre = center

c)   Inglés británico = **-nce**; inglés americano = **-nse**

   defence: defense
   offence: offense
   pretence: pretense

d)   Algunas palabras muestran ortografías bastante diferentes. En los siguientes pares el primer ejemplo es británico, el segundo americano

   cheque: check, cigarette (también americano): **cigaret**
   pyjamas: pajamas
   practise (practicar): **practice** (el nombre termina en **-ce** a ambos lados del Atlántico)
   programme: program (pero en inglés británico, en lenguaje informático también es **program**)
   tyre: tire (neumático)

19 EXPRESIONES TEMPORALES

A   LA HORA

What's the time?/What time is it?	¿Qué hora es?
What time do you make it?	¿Qué hora tienes?

a) *Las horas*

It's 12 noon (midday)/midnight.
Son las doce del mediodía/de la
noche.

It's one/two o'clock.
Es la una/Son las dos.

b) *Las horas y media*

It's half past midnight.
Son las doce y media de la
noche.

**It's half past one in the
afternoon**
Es la una y media de la
tarde.

It's half past one/it's one thirty.
It's half one (*coloquial*)
Es la una y media.

c) *Las horas y/menos cuarto*

It's (a) quarter past two.
Son las dos y cuarto.

At (a) quarter to two.
A las dos menos cuarto.

d) *Los minutos*

It's twenty-three minutes past four/it's 4.23.
Son las cuatro y veintitrés (minutos).

It's twenty to five/it's 4.40.
Son las cinco menos veinte.

Es importante tener en cuenta que en inglés americano también puede
emplearse **after** en vez de **past** y **of** en lugar de **to**.

e) *a.m. y p.m.*

a.m.	p.m.
de la mañana	de la tarde

It's 7.10 p.m.
Son las siete y diez de la tarde.

Las expresiones del tipo de «son las quince horas» etc. (en vez de «las tres de la tarde») no son corrientes en el inglés de la calle. No obstante a veces se utiliza para los horarios y sobre todo en el lenguaje militar (a menudo a la expresión le sigue la palabra **hours**):

'o' five hundred hours	fifteen hundred hours
las cinco de la mañana	las quince horas

fifteen thirty hours
las quince treinta

We took the sixteen-twenty to Brighton.
Cogimos el tren de las 16.20 a Brighton.

Observe que la forma abreviada es **7.15.**

B   LA FECHA

1   LOS MESES, LOS DÍAS DE LA SEMANA Y LAS ESTACIONES.

a) *Los meses (months)*

January	enero
February	febrero
March	marzo
April	abril
May	mayo
June	junio
July	julio
August	agosto
September	septiembre
October	octubre
November	noviembre
December	diciembre

b) *Los días de la semana (the days of the week)*

Monday	lunes
Tuesday	martes
Wednesday	miércoles
Thursday	jueves
Friday	viernes
Saturday	sábado
Sunday	domingo

c) *Las estaciones (the seasons)*

spring (primavera)	**summer** (verano)
autumn (otoño)	**winter** (invierno)

En inglés americano se dice también **fall** cuando nos referimos al
«otoño». En lo que se refiere al uso del artículo consúltese las págs.
26-27.

2   LAS FECHAS.

a) Para las fechas se emplean los números ordinales (a diferencia del
castellano):

the fourteenth of July	**the second of November**
el catorce de julio	el dos de noviembre

I wrote to you on the third of March.
Te escribí el tres de marzo.

Ver también **Los numerales**, pág. 257.

C   EXPRESIONES DE TIEMPO

at 5 o'clock	a las cinco
about 11 o'clock	aproximadamente a las once
about midnight	hacia la medianoche
(round) about 10 o'clock	alrededor de las diez
it's past 6 o'clock	son las seis pasadas
at exactly 4 o'clock	a las cuatro en punto
it has struck nine	han dado las nueve
on the stroke of three	a la tercera señal/al dar las tres
from 9 o'clock onwards	a partir de las nueve
shortly/just before seven	poco antes de las siete
shortly/just after seven	poco después de las siete

sooner or later	tarde o temprano
at the earliest	como muy pronto
at the latest	como muy tarde
it's late	es tarde
he is late	va con retraso
he gets up late	se levanta tarde
he arrived late	llegó tarde
the train is twenty minutes late	el tren lleva un retraso de veinte minutos
my watch is six minutes slow	mi reloj va seis minutos atrasado
my watch is six minutes fast	mi reloj va seis minutos adelantado
tonight	esta noche
tomorrow night	mañana por la noche
yesterday evening	ayer por la tarde
last night	anoche
tomorrow morning	mañana por la mañana
tomorrow week	de mañana en una semana
the day after tomorrow	pasado mañana
the day before yesterday	antes de ayer
the next day	al día siguiente
the next morning	a la mañana siguiente
yesterday morning	ayer por la mañana
last week	la semana pasada
next week	la semana que viene
on Monday	el lunes
on Mondays	los lunes
every Saturday	todos los sábados
every Saturday evening/night	todos los sábados por la tarde/noche
three weeks ago	hace tres semanas
half an hour, a half-hour	media hora
a quarter of an hour	un cuarto de hora
three quarters of an hour	tres cuartos de hora
from time to time	de vez en cuando
what's the date?	¿a qué estamos?
it's the third of April	es el tres de abril
Friday the thirteenth of July	viernes, trece de julio
in February	en febrero
in 1992	en 1992

in the Sixties/60s	en los años sesenta
in the seventeenth century	en el siglo XVII
New Year's Day	Año Nuevo
to be thirteen years old	tener trece años
she's celebrating her twentieth birthday	está celebrando que cumple veinte años
a five-year plan	un plan quinquenal
a leap year	un año bisiesto
a calendar year	un año civil
a light year	un año luz

ÍNDICE